DU MÊME AUTEUR

Aux Éditions Gallimard

APRÈS FREUD, 1968 (« Les Essais » ; « Idées », *n° 237*. Nouvelle édition revue et augmentée d'un post-scriptum en 1993, « Tel », *n° 223*).

ENTRE LE RÊVE ET LA DOULEUR, 1977 (« Connaissance de l'Inconscient » ; « Tel », *n° 81*).

LOIN, 1980, *récit* (« Folio », *n° 2332*).

L'AMOUR DES COMMENCEMENTS, 1986. Prix Femina-Vacaresco. Post-scriptum inédit, 1994 (« Folio », *n° 2571*).

PERDRE DE VUE, 1988 (« Connaissance de l'Inconscient » ; « Folio essais », *n° 351*).

UN HOMME DISPARAÎT, 1996 (« Folio », *n° 3122*).

CE TEMPS QUI NE PASSE PAS *suivi de* LE COMPARTIMENT DE CHEMIN DE FER, 1997 (« Connaissance de l'Inconscient », série « Tracés » ; « Folio essais », *n° 392*).

L'ENFANT DES LIMBES, 1998 (« Folio », *n° 3463*).

FENÊTRES, 1999 (« Folio », *n° 3642*).

EN MARGE DES JOURS, 2002 (« Folio », *n° 3922*).

TRAVERSÉE DES OMBRES, 2003. Prix Valery Larbaud (« Folio », *n° 4294*).

FRÈRE DU PRÉCÉDENT, 2006. Prix Médicis Essai (« Folio », *n° 4608*).

ELLES, 2007 (« Folio », *n° 4799*).

LE SONGE DE MONOMOTAPA, 2009 (« Folio », *n° 5139*).

EN MARGE DES NUITS, 2010 (« Folio », *n° 5288*).

UN JOUR, LE CRIME, 2011 (« Folio », *n° 5448*).

AVANT, 2012.

FREUD AVEC LES ÉCRIVAINS (avec Edmundo Gómez Mango), 2012.

Suite des œuvres de J.-B. Pontalis en fin de volume

MARÉE BASSE
MARÉE HAUTE

J.-B. PONTALIS

MARÉE BASSE MARÉE HAUTE

GALLIMARD

*Il a été tiré de l'édition originale de cet ouvrage
trente exemplaires sur vélin pur fil
des papeteries Malmenayde numérotés de 1 à 30.*

Pour Brigitte

Je déteste les séparations, mais qui les aime?

MICHEL GRIBINSKI,
Les séparations imparfaites

Le commandant

C'est une plage très appréciée des estivants, surtout des familles. Elle n'est pas très grande. Légèrement incurvée, cernée par des rochers, à l'abri
du vent, elle ignore les vagues puissantes, les rou-
leaux de l'Océan. Son sable est fin. Les enfants,
nombreux, y courent dans tous les sens, vont vers
l'eau, en reviennent, se bousculent, se lancent du
sable, alors les parents crient « Arrête ! » et les
enfants recommencent à courir, à crier dans une
excitation croissante.

Adossé à un rocher, à l'extrémité de la plage, un
vieil homme les regarde. Il reste là des heures, soli-
taire, silencieux. Tous sur cette plage sont entourés
de sacs, de serviettes, de crèmes solaires, de para-
sols, de râteaux, de pelles. Le vieil homme n'a à ses
côtés qu'une canne. Tous sont en maillot de bain,
lui porte un pantalon de toile blanche, est coiffé
d'un panama. Parfois, il ouvre un livre mais, le

plus souvent, il regarde la mer et les enfants excités qui courent, s'ébattent, se renversent sur le sable.

Son regard scrute l'horizon, se perd dans le lointain, puis revient vers le plus proche, les cris des enfants. Il entend des prénoms qui ne lui sont pas familiers : « Vanessa, enlève ton maillot mouillé, Timothée, ramasse tes jouets, dépêche-toi Raphaël, arrête d'embêter ta sœur. »

À la fin de la journée, il quitte son rocher et s'en va, aidé de sa canne. Son équilibre est incertain mais il se tient bien droit, l'homme élégant. Au bout d'un moment, il s'arrête pour respirer un bon coup avant de reprendre sa marche avec pré-caution afin d'éviter les cailloux qui encombrent le chemin.

Où va-t-il ? On ne sait trop. Dans une maison qu'il aurait un peu plus loin ? Chez des amis ? Peu probable, il n'est jamais accompagné quand il vient sur cette plage où il n'y a que des enfants et de jeunes couples. Oui, il n'y a qu'un vieux, et c'est lui.

Cela fait des années qu'il vient là. Les enfants ne sont pas toujours les mêmes, les parents non plus. Mais lui occupe toujours la même place, on dirait qu'elle lui est réservée. Personne ne songe à s'en emparer, c'est son abri.

Beaucoup de choses ont changé autour de la plage : un escalier a été aménagé, une buvette a été installée un peu plus loin — mais lui ne change pas. Si, il a changé : il est de plus en plus maigre, il a de plus en plus recours à sa canne et, quand il quitte son rocher, on voit qu'il vacille, qu'il peine à retrouver son équilibre. Mais il s'efforce — on sent que c'est un effort, que pour rien au monde il ne voudrait marcher le dos voûté — de se tenir bien droit. Il ne se cache pas d'être un vieil homme, cela ne l'empêche pas de rester élégant, digne. Surtout ne pas se laisser aller, avoir de la tenue.

Cet homme m'intriguait. Qui était-il ? Qu'avait été sa vie ? Je n'osais pas m'adresser à lui. Sans doute ne m'aurait-il pas éconduit, se serait-il contenté de me sourire, car je l'imaginais aussi courtois que secret.

J'avais lié connaissance avec un habitant du village voisin. À lui, je n'avais pas peur de poser des questions : « Vous me parlez du commandant ? Ah, c'était un bel homme, le commandant. Fier et modeste à la fois. »

J'appris que le vieux monsieur, l'homme élégant, l'homme fragile, avait effectivement commandé des navires de la flotte marchande, qu'il avait navigué sur toutes les mers jusqu'en Chine, au Venezuela, connu presque tous les ports du monde et qu'un jour — sans doute avait-il mal lu une carte marine, à moins qu'il n'ait confié la barre à son second — son bateau avait heurté un récif, subi de graves avaries, ce qui lui avait valu d'être renvoyé par la compagnie qui l'employait. Il aurait pu être engagé par une autre compagnie avant de prendre sa retraite. Il ne l'a pas voulu, comme s'il lui appartenait de payer sa faute. « Un homme fier, je vous disais. »

Je poursuivis mon enquête : « Il n'est pas marié ? Il n'a pas d'enfants ? — Si, il a été marié, une femme superbe, pas très fidèle, pensez, il était toujours en mer, son grand amour, c'était la mer. Et elle l'a quitté, du jour au lendemain, quand il a été déchu de son poste de commandant. S'il a eu des enfants ? Ça m'étonnerait. En tout cas, s'il en a eu, on ne les a jamais vus ici. »

Du vieil homme adossé à son rocher, du vieil homme passant des heures à scruter l'horizon avec ses jumelles ou à regarder jouer les enfants, je ne sus rien de plus. D'ailleurs, je n'avais pas envie d'en savoir plus.

L'été dernier, je suis retourné sur la plage au sable fin. Il n'y avait personne adossé au rocher. Je me suis dit qu'il y aurait au moins quelqu'un qui n'oublierait pas le commandant, et que je serais celui-là.

L'enterrement

Elle avait été son premier amour. Pas son unique amour, car Simon tombait amoureux, ou croyait être amoureux, de chaque femme qu'il désirait comme si pour lui il n'existait d'autre saison que la saison des amours.

Il sortait ce matin-là du petit cimetière d'un village breton où venait d'être enterré son premier amour. C'est dans ce village qu'elle était née il y a une cinquantaine d'années. Il avait hésité à venir aux obsèques. « Ça ne rime à rien, se disait-il. Il y a si longtemps que je l'ai enterré mon premier amour, si longtemps qu'il n'est même plus présent dans ma mémoire. »

Et puis quand un ami d'autrefois lui apprit la nouvelle : « Éva est morte subitement d'un arrêt du cœur », des souvenirs lui étaient revenus, des petits bouts de souvenirs qui, sans qu'il sût pourquoi ceux-là plutôt que d'autres, après un long sommeil, s'éveillaient au cours de la route qui le conduisait sur la presqu'île de Quiberon. « L'enterrement aura lieu à onze heures », lui avait dit son ami. « Arriverai-je à temps ? » La question lui apparut absurde. Cyniquement il se répondit : « De toute manière, maintenant qu'elle est dans son cercueil, elle a tout son temps pour attendre. »

Attendre, peut-être n'a-t-elle jamais cessé d'attendre. D'attendre de naître à la vie. Et c'est la mort qui l'avait rejointe, la frappant en un instant.

Leur mariage n'avait pas tenu bien longtemps, trois ou quatre ans tout au plus.

Comment, où, quand s'étaient-ils rencontrés ? À la terrasse d'un café du quartier Latin, un matin de printemps ? Chez des connaissances au cours d'une soirée où ils avaient un peu bu et beaucoup dansé ? À Quiberon où Simon, cet été-là, passait ses vacances avec ses parents ? Qu'importaient en définitive le lieu, les circonstances. Cela s'était effacé, sous les couches de l'oubli.

Pourtant Simon se plaisait en général à évoquer son passé, qu'il ait été heureux ou non. Mais, de ce passé-là, il ne voulait pas entendre parler, il ne voulait pas que ce passé-là lui parle. Il voulait qu'il chute dans le silence, qu'il disparaisse dans une tombe.

Et voilà que sur la route qui le menait au cimetière auprès de son premier amour un peu de ce passé-là remontait à la surface.

Elle venait d'avoir vingt ans, lui, quelques années de plus. Un copain de Simon disait d'elle qu'elle était une « belle plante ». Lui disait qu'elle était comme un fruit, comme une pêche cueillie sur l'arbre et qui fond dans la bouche. L'image était banale, il le savait. Comme il savait manquer d'imagination. Il avait trouvé un emploi dans le service financier d'une grande entreprise, et le maniement des chiffres, la confection de comptes d'exploitation, ça ne favorise pas l'imaginaire. La rencontre avec Éva, avec la pêche qui fond dans la bouche, l'avait libéré de ce monde glacé.

Elle poursuivait sans grande conviction des études de sociologie qui ne l'intéressaient guère. Ce qu'elle aimait c'était nager une heure durant, c'était marcher sur les sentiers côtiers sous le soleil ou le crachin, peu lui importait, c'était s'étendre à demi nue sur la pelouse du jardin. Elle aimait faire l'amour. Son monde à elle était un monde de sensations.

Peu de temps après leur mariage, Éva fut enceinte. En apprenant la nouvelle, Simon eut d'abord un peu peur. Il ne se voyait pas devenir père si jeune, lui qui était le fils unique de parents assez âgés. Mais la peur céda vite et il se réjouit que la vie fasse irruption, comme ça, sans qu'il l'ait vraiment souhaité, comme si la vie n'obéissait qu'à son propre mouvement, un mouvement proche de celui de l'amour.

Ses parents étaient si immobiles, si confinés dans leurs soucis quotidiens, si prématurément vieux, on aurait dit qu'ils n'attendaient plus rien que leur déclin. Simon leur dit joyeusement « J'attends un enfant », surpris lui-même d'avoir dit « Je » et non « Nous ». Leur réponse fut : « Vous êtes bien jeunes » sans interrompre leur exercice favori, les mots croisés.

Éva accoucha un 14 juillet : bals sur toutes les places, feu d'artifice, la fête. Elle mit au monde un petit garçon qui ne resta que quelques heures dans ce monde. Ce ne fut pas une nouvelle vie qui fit son apparition, ce fut la mort, la mort d'un enfant qui n'eut pas même droit à une sépulture.

Simon tomba malade, comme si la maladie allait l'approcher de son petit garçon. Éva se mura dans sa douleur.

Chacun de son côté.

Après quoi leurs caractères s'altérèrent. Ils se disputaient pour un rien jusqu'à finir par ne plus se disputer, ce qui les éloigna encore plus l'un de l'autre. Un lourd silence s'installa. La petite pièce préparée pour l'enfant demeurait vide, et c'était tout l'appartement, avec ses meubles, ses livres, qui était vide.

Ils eurent tous deux des « aventures » qui n'en étaient pas.

Éva se plaignait de migraines, de rhumatismes. Elle prit du poids. La « belle plante » jour après jour se transformait en une femme aigrie.

De son côté, Simon s'assécha, pratiqua cette forme modérée de la méchanceté qu'est l'ironie mordante.

Ils se séparèrent aussi mécontents l'un de l'autre que d'eux-mêmes.

Il leur arriva pendant les trente années qui suivirent leur séparation de se rencontrer, de se croiser plutôt. C'est à peine s'ils parvenaient à échanger quelques mots, à esquisser un sourire gêné, avant de se détourner, feignant d'être appelés ailleurs.

Simon s'attarda au cimetière. Il bavarda un moment avec quelques amis qui avaient connu jadis les deux amoureux, Éva et Simon.

Puis il s'en alla marcher longtemps sur le sentier des douaniers qui surplombe les falaises. Il crut entendre Éva lui dire : « Attention nous approchons des nids de mouettes. Tu sais, elles n'aiment pas ça du tout, elles protègent leurs nids, alors elles attaquent, nous foncent dessus. Tu te souviens du film de Hitchcock, *Les Oiseaux*? »

Je me souvenais. Comme elle avait eu peur! Sur le trottoir, à la sortie du cinéma, elle tremblait. On aurait dit qu'elle voyait encore des oiseaux l'attaquer, des porteurs de mort. Alors, je l'ai entourée de mes bras et la vie est revenue.

Le retrait

C'est d'une banalité à pleurer. Mais elle ne pleura pas ou alors ses larmes étaient tout intérieures, elle était la seule à en ressentir le goût amer.

Son compagnon l'avait quittée. Il était tombé raide amoureux d'une de ses étudiantes de vingt-cinq ans plus jeune que lui qui préparait sous sa direction une thèse sur l'amour courtois. Entre le professeur et la thésarde, une belle fille, pas question d'amour courtois. C'est une passion sensuelle qui les emportait.

Pas de scène de jalousie surtout. Sylvie tenait la jalousie pour une passion basse, indigne d'elle. Pas d'éclats de voix. Je crois même qu'elle a pu se dire que son compagnon avait de la chance qu'il lui arrive quelque chose d'heureux avec celle qu'elle appelait « la petite ».

Elle venait, comme lui, d'atteindre la cinquantaine. Ses cheveux grisonnaient, elle avait maigri, mais sa beauté, une beauté un peu froide, distante, ne l'avait pas quittée. Elle intimidait les hommes plus qu'elle ne les séduisait.

Elle prit sa décision très vite. Elle allait fuir. Elle trouva en Basse-Normandie une petite maison toute simple qu'elle loua à l'année, emportant juste quelques affaires dont des vêtements qui lui plaisaient. Elle tenait dans son refuge à rester élégante, soignée. Les habitants du coin avec qui elle échangeait quelques mots quand elle les rencontrait au marché la respectaient, ils l'appelaient entre eux « la belle dame de Paris » tout en la trouvant étrange.

Elle leur demanda de lui céder des morceaux de ferraille abandonnés, des outils agricoles hors d'usage, des fils de fer. Avec ça elle se mit à confectionner dans une grange qui lui tenait lieu d'atelier des sortes de sculptures. Elle travaillait patiemment avec la même précision qu'un horloger en assemblant les pièces répandues autour d'elle. Elle imaginait des personnages, des animaux, des plantes, des fleurs, elle qui n'avait jamais jusqu'alors fait preuve de beaucoup d'imagination, ce que lui reprochait son ancien compagnon. Ancien n'est pas le mot juste, car en elle l'infidèle restait toujours présent. Seul l'amour entre eux, un amour partagé, était « hors d'usage ».

Les sculptures s'accumulèrent. Elle ne les montrait à personne. Pourtant, une fois où je rendis visite à Sylvie, elle consentit, sur mon insistance, à me laisser pénétrer dans la grange-atelier. J'éprouvai aussitôt un sentiment bizarre devant cette collection de formes déconcertantes qui m'évoquaient la mort — du métal, rien que du métal —, mais qui, en même temps, témoignaient d'une inventivité incroyable, comme celle dont font preuve certaines peintures de fous. Où avait-elle donc été chercher tout ça, la discrète Sylvie ?

Je pris mon courage à deux mains : « Tu devrais exposer tes œuvres au lieu de les garder secrètes. — Mes œuvres, tu plaisantes, ça m'occupe, ça me distrait, voilà tout. »

Au cours d'une visite ultérieure — j'étais bien un des seuls de ses amis à ne pas l'avoir oubliée dans sa thébaïde —, je revins à la charge : « Je connais un galeriste, je lui en ai touché un mot. Ça l'intéresse. »

Sylvie, à mon étonnement, ne se fit pas trop prier : « D'accord, si tu y tiens. »

L'exposition connut un réel succès. Sylvie n'assista pas au vernissage. Toutes les sculptures trouvèrent un acquéreur. Sauf une que les visiteurs de la galerie trouvèrent par trop inquiétante et qui leur faisait peur. « Ça représente quoi, un organe, une tumeur maligne ? Je n'aimerais pas avoir ça chez moi. »

Vivant maintenant à l'étranger, je n'ai plus de nouvelles de Sylvie. Je lui ai adressé quelques lettres restées sans réponse. Est-elle encore de ce monde ? De toute manière, elle avait quitté le nôtre depuis si longtemps.

La chute

Elle a écrit une lettre à son mari où elle lui disait son amour puis s'est jetée par la fenêtre de la cuisine au sixième étage. La gardienne de l'immeuble a poussé un cri en s'approchant du corps fracassé de la morte.

La veille, c'était son quatre-vingtième anniversaire. Pas question de le fêter ni même d'en parler. Aline ne supportait pas de vieillir, de décliner année après année. Parfois, rarement, elle en souriait : « Je suis comme une bagnole qui se déglingue. Le garagiste change une pièce puis une autre, la voiture roule encore quelque temps et puis... » Le mois précédent, son dentiste, au vu de l'état de sa dentition, lui avait annoncé qu'il fallait lui mettre un appareil (il n'avait pas dit « dentier »). Elle rentra chez elle effondrée et, elle qui ne buvait jamais, avala cognac sur cognac. Son mari, revenant de la bibliothèque où il était allé consulter quelques ouvrages d'histoire — sa spé-cialité —, la trouva dans un état quasi comateux, « comme morte », me dit-il. Mais, ce matin-là, le « comme » était de trop.

Quand même, on ne se défenestre pas pour une histoire de dentier : pourquoi cette aspiration par le vide ? pourquoi s'infliger à soi-même cette des-truction ? pourquoi une telle violence ? pourquoi, au moment de se jeter par la fenêtre, sa volonté n'avait-elle pas fléchi ?

Aline était une femme douce, discrète jusqu'à l'effacement. Ses amis lui en faisaient parfois le reproche : « Pourquoi t'effaces-tu ainsi devant ton mari ? » De là à s'effacer définitivement. Ils ne comprenaient pas. Personne ne comprenait. Chacun s'en voulait de ne pas comprendre. Certes, ils l'avaient trouvée souvent un peu triste, s'absen-tant de la conversation, mais justement depuis quelque temps elle semblait avoir retrouvé la gaieté de sa jeunesse au contact de ses petits-enfants joyeux qu'elle emmenait se promener au Luxembourg.

Oui, mais le fait était là : la vieille femme avait choisi de devancer la mort qui, de toute manière, n'allait pas tarder à venir, à son heure. Aline, au moins, aurait choisi son heure, à elle, un matin de printemps où le soleil brillait.

« *Je l'ai vu mourir* »

Allongé bien tranquille sur un transat dans le jardin, je feuillette le journal local. J'y apprends qu'un homme s'est noyé dans l'Océan tout près d'ici. Les secours sont intervenus rapidement — c'était donc ça, l'hélicoptère que j'avais entendu hier tournoyer au-dessus de la plage. On a tenté de le ranimer, vainement. Le journal précise que cet accident demeure inexplicable, que l'homme était un excellent nageur. Alors, malaise cardiaque ? Ou bien a-t-il été emporté par un courant ? Submergé par des vagues particulièrement violentes ? Comme on dit dans ces cas-là, aucune hypothèse n'est exclue. Le journal précise encore que la femme du noyé était là, sur la plage, aux côtés des secouristes et qu'on a dû la conduire à l'hôpital pour lui administrer des calmants.

J'imagine que cette femme a dû connaître de brefs moments d'espoir tandis que les sauveteurs procédaient au massage cardiaque. Si le cœur allait battre à nouveau, si les yeux allaient s'ouvrir ? J'imagine le regard éperdu de la femme et ses sanglots incoercibles.

Et, très vite — c'est ainsi que fonctionne la mémoire, par associations —, je me souviens de ce que m'avait dit une femme venue me consulter. Elle avait été pendant plusieurs années en analyse avec l'un de mes collègues. Je le connaissais, je savais qu'il était mort après une longue maladie. Soudain, ma visiteuse me dit : « Vous comprenez, je l'ai vu mourir. » Elle n'avait pas été le témoin de sa mort, mais elle avait vu, séance après séance, le patient et irréversible travail de la mort opérer chez cet homme. Elle l'avait vu de ses yeux. Et puis, nouvelle association, je pense à *La Mort d'Ivan Ilitch*, sans doute le plus beau récit de Tolstoï. Je pense à la relation si forte, si intense qui unit Guérassime, jeune paysan en pleine santé, et l'homme qui sait qu'il va mourir et ne comprend pas pourquoi lui, Ivan Ilitch, qui a fait une brillante carrière de juge, doit tomber dans le « sac noir ».

Guérassime ne répugne pas aux tâches les plus dégoûtantes. Il soutient les pieds de son maître avec un coussin, il lui parle avec simplicité et douceur. Il l'accompagne. Mais Ivan Ilitch a aussi pour compagne la douleur. Elle ne le quitte pas, elle non plus. Elle est là toujours présente, toujours plus envahissante jusqu'à ne faire qu'un avec lui.

Qu'ont-ils de commun, Guérassime qui est la vie même et la douleur qui installe la mort dans le corps et l'âme d'Ivan Ilitch ? Ce sont deux facettes de la vérité. Quand Ivan exige de son entourage et des médecins consultés qui, eux, lui mentent qu'on lui envoie Guérassime, il demande qu'auprès de lui soit quelqu'un de vrai, d'aussi vrai que la douleur qui ne ment pas.

Je me dis que la femme qui sanglotait sur la plage aurait rêvé d'être ce petit moujik qui, jusqu'à la fin, avait fait tout ce qui était en son pouvoir pour porter secours avec de simples gestes et de pauvres mots à celui auquel il était profondément attaché.

Qu'arrive-t-il quand deux êtres ne peuvent se passer l'un de l'autre ?

Je ne lirai plus le journal local.

Auprès de...

Quand un de ses amis tombait malade, il prenait chaque jour de ses nouvelles, lui téléphonait ou allait le voir dès qu'il avait un moment de libre. Rien de plus naturel.

Mais ce qui paraissait étrange à l'entourage de Pierre comme à lui-même, c'est qu'il agissait de même quand les malades n'étaient pas des amis proches, mais des collègues avec lesquels jusqu'alors il n'avait tissé aucun lien d'amitié.

Quand Martin L. avait fait après son divorce une tentative de suicide et que les médecins l'avaient sauvé de justesse, il se rendit à son chevet. Martin L. fut un peu surpris : « C'est gentil à vous d'être venu. » Et le « suicidé », revenu à la vie malgré lui — il n'avait pas lésiné sur la dose de barbituriques —, s'était mis à parler longuement de cette femme qu'il aimait trop : « Oui, je l'aimais trop, c'est ce qui a dû la faire fuir, elle devait se

sentir étouffée, je lui pompais l'air comme on dit. »
Puis, il a évoqué sa vie de bureau qui était pour lui
d'un ennui mortel. En prononçant le mot « mortel »,
il sourit et ajouta : « Enfin, pas tout à fait mortel. La
preuve, je suis là et nous conversons. »

Le lendemain et les jours suivants Pierre était
retourné à l'hôpital et c'était lui qui avait confié à
Martin qu'à la différence de lui il n'aimait sans
doute pas assez sa compagne, qu'elle en souffrait,
et qu'il craignait qu'elle ne fasse une dépression.

« Alors, il y a des chances qu'elle soit dans le
même service que moi et que je tombe amoureux
d'elle.

— Pourquoi pas ? dit Pierre en riant. C'est
drôle quand même que vous et moi, depuis le
temps que nous travaillons dans la même boîte,
nous n'ayons jamais échangé que quelques mots
dans un couloir. Il a fallu cet incident — Pierre
cherchait un autre mot, mais ne le trouva pas —
pour que nous nous rencontrions. »

L'année précédente, c'était un ancien camarade
de faculté qui avait fait un accident vasculaire
cérébral. Pierre l'avait perdu de vue depuis quelque
temps, mais quand il apprit par un tiers la nouvelle, il n'hésita pas une seconde. Direction : le
service de neurologie de la Salpêtrière.

Le camarade d'autrefois y séjournait depuis quelques jours.

Dans le couloir qui menait à la chambre 337, Pierre croisa des hommes hébétés tentant de manœuvrer leurs fauteuils roulants. La vue de ces hommes l'accabla. On l'avait prévenu pourtant : « Dans ce service, tu risques de ne rencontrer que des légumes. » Il haïssait ce mot et voici qu'il s'imposait à lui.

Il frappa à la porte de la chambre 337. Pas de réponse. Il entra. Le camarade d'autrefois, immobile sur son lit d'hôpital, le regard vide, souriait, les lèvres légèrement entrouvertes. « Est-ce un sourire ? Me reconnaît-il ? Perçoit-il même qu'il y a quelqu'un là, à côté de lui ? »

« Tiens, je t'ai apporté une petite radio. Comme ça, tu pourras écouter de la musique. » Pierre brancha la radio sur France Musique.

De la bouche du malade sortirent quelques sons inarticulés qui recouvrirent les notes cristallines de Mozart. Il voulait dire quelque chose mais les mots se refusaient à lui. Pierre entendit « Merde, merde », répété rageusement. Il éteignit la radio et l'homme, le « légume », retomba dans le silence.

Sur son visage inerte, pas trace de souffrance,

plutôt une sorte de béatitude alors que Pierre sentait monter en lui l'angoisse.

Il ne s'attarda pas, parcourant de nouveau le couloir aux fauteuils roulants, évita de heurter des hommes poussant un petit chariot. Les mêmes hommes qui la semaine précédente devaient dans un supermarché pousser un caddie rempli de victuailles ; à l'extrémité du couloir, il vit des brancardiers conduisant des malades qui allaient attendre leur tour pour passer un scanner. Les brancardiers échangeaient entre eux des plaisanteries salaces, Pierre avait envie de leur cogner dessus.

Enfin il fut dehors, il longea de nombreux bâtiments de la Salpêtrière — une ville, avec ses rues, ses carrefours, ses poteaux indicateurs, sa chapelle — et se précipita vers la terrasse ensoleillée d'une brasserie où il commanda un double whisky.

Bonheur de marcher d'un pas vif, bonheur de respirer, bonheur de croiser des femmes aux robes légères.

Et honte d'éprouver aussi intensément ce bonheur tout neuf, à quelques pas des « légumes ».

Il s'accusa de délit de fuite.

Il tourna et retourna dans sa tête une question qu'il savait stupide : « Comment se peut-il que ce garçon si brillant, reçu premier à l'École normale, que cet homme si vif, si drôle, si charmant soit réduit à ça ? »

Il répéta « à ça ».

Il revint plusieurs fois à l'hôpital, espérant trouver quelques signes d'amélioration. « Alors, tu as branché la radio ? Tu as pu écouter France Musique ? » Le malade hoche la tête, émet quelques syllabes à peine audibles, les mots se refusent toujours à lui, ça l'exaspère : « Merde, merde. » Et le sourire revient, ce sourire qui n'en est pas un, ce sourire qui vient à la place des larmes.

« Est-il conscient de son état ? Est-il résigné ? Il ne paraît pas souffrir. Peut-être, après tout, cela lui fait-il plaisir que je sois auprès de lui. Auprès de lui, auprès d'un mort vivant. »

Pierre chasse ces mots-là. Il se sent affreusement impuissant. Il retient son envie de pleurer.

Il se souvient d'une expérience plus lointaine où, là, au moins, sa présence avait paru apporter quelque réconfort au malade.

Il s'agissait cette fois d'une femme, une amie d'enfance de sa mère, la marraine de Pierre. Il avait vu son état se dégrader : troubles progressifs de la mémoire, perte du sens de l'orientation, la police, plus d'une fois, l'avait ramenée chez elle qui errait dans les rues de la ville, une valise vide à la main. Maintenant, elle était enfermée dans le pavillon de l'hôpital réservé à ceux qui souffraient de la maladie d'Alzheimer.

Pierre venait régulièrement la voir, lui tenait la main, caressait son visage, la coiffait — elle avait gardé un brin de coquetterie. Tantôt elle le prenait pour son fils disparu, tantôt elle l'appelait « Maman ». Cela ne le gênait pas, au contraire, cela l'émouvait au plus haut point d'être ainsi confondu avec ceux qu'elle aimait, qu'elle avait aimés et qui, du fait de sa présence à lui, Pierre, étaient de nouveau présents auprès d'elle. Oui, grâce à lui, qui lui tenait la main, caressait son visage flétri, tous ses disparus ne la quittaient pas.

De ces visites-là, Pierre sortait à la fois extrêmement triste et rasséréné.

Aujourd'hui, il s'interrogeait : « Qu'est-ce que je vais donc chercher en allant m'approcher de ces malades ? Je ne me sens pas pourtant une vocation d'infirmier ou de bonne sœur. Ce n'est pas de la compassion, ce n'est pas de l'apitoiement que j'éprouve. Alors quoi ? Est-ce que je pense ainsi conjurer ma propre mort ? Est-ce que je redoute que personne ne soit à mes côtés quand mon heure viendra ?

Soudain lui vient la réponse. Non, ce n'est pas de cela qu'il s'agit.

Son père, atteint d'un cancer généralisé que les médecins avaient renoncé à traiter, n'avait plus selon eux que quelques semaines à vivre, quelques jours peut-être. Pierre choisit d'entendre « quelques semaines ». Alors il se résolut à partir pour Chicago où se tenait un congrès dont il était l'invité d'honneur. « Ça ne se refuse pas. Mon père tiendra bien jusqu'à mon retour. »

Le père n'avait pas tenu. Pierre venait tout juste de terminer sa conférence et de recueillir les applaudissements de l'assistance qu'un télé-gramme lui apprit la nouvelle.

Il n'avait pas été là quand il eût fallu être là, auprès de ce père qui était si fier de lui. Il ne lui avait pas tenu la main. Il avait fui comme un voleur. Pourquoi ? Pour être applaudi.

Le désamour

Quand j'entends l'un je crois entendre l'autre : mêmes mots, mêmes refus, mêmes ressassements.

« Que ce ne soit pas comme avant, je peux l'admettre. Mais quand même, qu'après dix années passées ensemble, des années de passion, elle s'éloigne dès que je m'approche d'elle, comme si je lui étais devenu insupportable, comme si j'étais son ennemi, c'est incompréhensible. D'accord, la passion c'est fini, mais je ne demande rien, juste un peu de tendresse. »

Ces deux hommes qui ne se connaissent pas, mais que je connais bien, ont été brutalement renvoyés par les femmes dont ils avaient partagé la vie. Enfin « brutalement », c'est ce qu'ils disent. Je leur rappelle bien des signes avant-coureurs qui témoignaient de la lassitude de leur compagne et laissaient prévoir la rupture.

Mais, inlassablement, ils reviennent à la charge :

« Je ne comprends pas. Après tant d'années, etc. »

Alors c'est moi qui me lasse : « Le désamour, ça existe. Toi-même, il t'est arrivé de le connaître et de quitter sans ménagement celle qui t'aimait. Souviens-toi, tu me disais : "Je retrouve ma liberté, tu n'imagines pas à quel point c'était devenu irrespirable, maintenant je respire." — Ça n'a rien à voir. Absolument rien à voir. Moi je n'ai jamais exercé la moindre emprise, je ne suis pas du genre pot de colle, je laissais à Françoise toute sa liberté. Elle pouvait sortir de son côté, voir ses amis. »

À mon tour, je reprends mon antienne : « Le désamour ça existe » et j'ajoute : « Les hommes supportent mal d'être rejetés alors qu'ils ne se sentent pas coupables quand ce sont eux qui laissent tomber. Il faut que tu l'acceptes : Françoise ne voit pas en toi un ennemi, elle en a marre de toi, voilà tout. »

Cette nuit j'ai rêvé de Bernard, l'un de ces deux amis — celui que Françoise ne supportait plus. Bernard était un type très costaud, fier de sa musculature. Et là, dans mon rêve, je le voyais rampant sur le sol comme un bébé qui ne sait pas marcher. Dans la séquence suivante, il était debout, avançant d'un pas ferme. Il était redevenu l'homme d'avant, costaud, musclé, rieur.

La réalité n'a pas été conforme à mon souhait. Bernard ne s'est jamais remis du désamour. Il vit seul dans un petit appartement près des Invalides. Il ne veut voir personne. Il ne parle qu'à sa petite chatte. J'imagine qu'il lui dit : « Je ne comprends pas qu'après tant d'années… » Le disque reprend. Il est, lui, inusable.

La chatte n'a jamais quitté Bernard.

Je me souviens que lorsque la femme dont j'étais éperdument amoureux n'a plus voulu de moi, je ne me lassais pas de reprendre le refrain de mes deux amis : « Ce n'est pas possible, après tant d'années partagées… » Comme dans le rêve où je voyais Bernard, je n'étais pas loin de ramper sur le sol. Il me fallut du temps, le temps d'une longue convalescence que demande une blessure profonde, pour que je parvienne à me redresser, à tenir debout, à aller de l'avant.

Mais on ne guérit pas toujours du mal d'aimer.

Se séparer d'une part
de soi-même

Il arrive que des femmes qui souhaitaient ardemment avoir un enfant dépriment sévèrement après l'accouchement. J'imagine qu'elles s'étaient senties comblées pendant le temps de leur grossesse et qu'elles ne supportent pas d'être brutalement séparées de ce petit être qui ne faisait qu'un avec elles. C'est alors le vide qui prend toute la place à l'intérieur d'elles-mêmes.

Les psychiatres appellent cet état dépression *post partum*.

Je viens de rencontrer un de mes amis proches. Sa dernière exposition a été un succès, il a vendu tous ses tableaux, son galeriste est aux anges. Mais lui est abattu, sa tristesse, son désarroi sont visibles. Il est proche de cet effondrement dans lequel on peut tomber quand celle qu'on aimait, tout à coup, vous quitte.

Ce sont ses toiles, celles qui étaient autour de lui dans son atelier, qui l'ont abandonné.

Je me souviens alors de ces écrivains qui, après la publication de leur livre, sont, comme mon ami peintre, d'humeur sombre. Leur livre avec qui ils ont partagé pendant des mois, des années, une intimité secrète ne leur appartient plus. Il est livré au public : certains peut-être l'adopteront, d'autres, la plupart, ne sauront même pas qu'il existe.

L'enfant chéri est parti, il va s'éloigner de plus en plus, vivre sa vie à lui qui échappe à l'auteur.

Alors, il commence un autre livre.

Quand une nouvelle vie s'annonce, faut-il qu'une autre vie s'efface après qu'elles ont été si longtemps mêlées l'une à l'autre au point d'être inséparables ?

S'exiler de l'exil

Ils arrêtent, ils emprisonnent, ils torturent, ils tuent. Cela fait des années que ça dure, depuis que les militaires ont pris le pouvoir dans ce pays-là et dans d'autres du même continent.

Octavio y est né et, avant lui, ses parents, ses grands-parents. La dictature, alors, n'imposait pas sa loi de fer et de sang. Octavio aimait ce pays, il aimait sa capitale qui lui rappelait Supervielle, Laforgue, Isidore Ducasse — tout jeune il lisait les poètes —, ses plages, son soleil. C'était un pays de liberté.

Il avait entrepris avec succès des études de médecine. Et puis les hommes en uniforme avaient surgi, ces hommes-là ne veulent ni de la liberté ni de la poésie, et leur « médecine » est radicale : pour éradiquer le mal — et le mal c'est tout ce qui n'est pas *uniforme* —, tous les moyens sont bons.

Octavio et quelques-uns de ses camarades tentèrent de s'opposer au régime. Plusieurs furent arrêtés. Un jour ou l'autre, ce serait le tour d'Octavio.

Il parvint — comment, je l'ignore — à s'enfuir. Il choisit comme terre d'exil la France, un pays qui l'avait toujours attiré, et puis, à Paris, deux ou trois compatriotes l'avaient précédé.

Les premiers temps furent difficiles. Il dut faire d'innombrables démarches pour obtenir le statut de réfugié politique, d'autres pour que ses diplômes soient reconnus et lui permettent d'exercer la médecine. Il ne céda pas au découragement.

Il avait pu emporter avec lui quelques livres français. Pour son plaisir il entreprit de traduire *Les Fleurs du mal*. La poésie lui ouvrit le chemin vers la maîtrise de sa nouvelle langue.

Parfois, une lettre lui apprenait la disparition d'un de ses amis. Des « disparus », on en comptait par milliers. Ce mot permettait aux hommes au pouvoir de faire croire aux mères que leurs fils n'étaient pas morts, n'avaient pas été assassinés, qu'ils reviendraient ; peut-être même avaient-ils disparu de leur plein gré. Cynisme, cruauté sans limites.

Octavio se sentait en exil, loin des siens, parfois coupable de n'être pas resté là-bas pour s'opposer à la terreur. Disparu, le pays natal. Pour combien de temps?

Au bout de quelques mois il trouva un poste au sein d'une institution qui accueillait des exilés comme lui, mais qui ignoraient la langue française. Il s'agissait de leur apporter un soutien matériel et, au-delà de cette aide, d'aller au-devant de la détresse de ces hommes perdus qui avaient plus souffert qu'Octavio. Il avait réussi, lui, à s'en sortir tant bien que mal.

La rencontre quotidienne avec ces hommes égarés, souvent au bord de la folie, lui permit étrangement de se sentir moins exilé, de ne plus être la proie de la seule nostalgie. Tout doucement, jour après jour, il s'exila de l'exil. La France devint son nouveau pays, il s'y fit des amis qui ne voyaient pas en lui un étranger de passage.

Maintenant, les hommes en uniforme ont été chassés du pouvoir. Chaque été, Octavio retourne dans son pays d'origine. Il y est reçu comme s'il n'en était jamais parti et, en France, il vit comme s'il y était né. Il a donc deux pays, il ne peut se passer ni de l'un ni de l'autre.

Il n'aime pas qu'on lui parle de ses « racines ». Je partage son aversion. C'est le monde entier qui est notre racine!

Reprendre vie

« La maison reprend vie », me disait Bertrand à presque chacune de nos dernières rencontres.

La maison, c'était celle qu'il avait acquise, il y a une dizaine d'années, dans la Drôme, à quelques kilomètres de Saint-Paul-Trois-Châteaux : « Pour une bouchée de pain », aimait-il préciser. Une belle et vaste « maison de maître » mais sans prétention, à l'écart de tout village, entourée de champs de lavande qu'il ne se lassait pas de contempler. Lui qui n'avait jamais tenu un pinceau s'était même improvisé peintre pour tenter de les représenter sur une toile et pour qu'ils restent toujours à la portée de son regard. La couleur y était mais ni l'odeur ni le vent qui, le soir, les animait, leur imprimant le mouvement de la vie.

Bertrand s'était installé dans cette maison avec sa femme Florence. Un enfant, un fils, Éric, était né.

Florence et Bertrand s'absentaient trois jours par semaine, ils prenaient le train pour Lyon où il enseignait la littérature comparée à l'université et elle l'anglais, sa langue natale, dans un collège. Pendant leur absence, Éric était confié à une jeune femme du coin qui se prit vite d'affection pour l'enfant.

La maison, isolée, avait été plusieurs fois l'objet de tentatives de cambriolage — vitres cassées, portes enfoncées. La jeune femme qui gardait l'enfant n'était pas trop rassurée. Alors, Bertrand s'était résolu à engager un couple de gardiens. C'étaient des gens sérieux, peu loquaces, qui ne recevaient jamais personne dans la petite maison, jouxtant la grande, mais d'excellents gardiens qui rendaient toutes sortes de services : repeindre une pièce, réparer des volets, faire le ménage. Bertrand et Florence auraient souhaité qu'ils fussent plus sociables, moins distants, mais quoi ? c'était leur caractère et il ne fallait pas exiger de tous qu'ils se félicitent chaque jour de vivre et d'être heureux comme eux l'étaient.

Car Bertrand et Florence étaient vraiment heureux dans leur belle maison entourée de champs de lavande avec leur petit garçon qu'ils étaient impatients de retrouver en rentrant de Lyon.

C'est à Lyon, alors qu'elle était au travail dans

son collège, qu'au milieu de l'un de ses cours la mort frappa Florence : rupture d'anévrisme.

Un mois auparavant, les gardiens avaient annoncé à Bertrand qu'ils allaient partir en retraite, retourner dans leur village d'origine. Ils prirent un malin plaisir à prévenir leur « patron » — c'est ainsi qu'ils appelaient Bertrand, ce qui l'exaspérait, il ne voulait pas de ce titre-là — qu'il aurait bien du mal à leur trouver des successeurs : « Des jeunes, pensez donc, ils ne sont pas prêts à rester sur place vingt-quatre heures sur vingt-quatre, ils aiment bouger, faire la fête. Des vieux ? Pensez donc, ils ont leur propre logement, ils ne vont pas le quitter pour s'enfermer ici. »

Propos peu encourageants. Et Bertrand, il le savait, était toujours prêt à se décourager devant tout obstacle, même de peu d'importance. Combien de fois n'avait-il pas pensé : « Si c'est comme ça, je renonce, je laisse tomber », par exemple quand le poste de professeur qu'il briguait ne lui avait pas été accordé.

Alors, face au départ des gardiens et à la difficulté prévisible d'en trouver d'autres, il dit à Florence : « Peut-être ferions-nous mieux de la vendre, notre maison. » « Pas question », dit Florence.

Et maintenant, Florence était morte, d'une

rupture d'anévrisme. Rupture : rompre avec les années de bonheur, rompre avec la maison, oublier les champs de lavande, s'installer à Lyon où Éric serait mieux à même de mener à bien ses études. Bertrand hésitait à prendre cette décision comme si abandonner la maison tant aimée c'était aussi abandonner Florence.

Personne désormais ne pouvait l'animer. Seul le chagrin tenait compagnie à cet homme anéanti.

Finalement, il se décida : oui, il allait vendre. Il s'adressa à une agence immobilière. Le lendemain de cette démarche, contre toute attente, voici que se présentent un jeune homme et sa compagne, tout sourire. L'idée de veiller sur la maison, de l'entretenir, leur plaît. Ils aiment la nature, l'isolement ne leur fait pas peur, au contraire.

Bertrand est aussitôt séduit par ce jeune couple qui diffère du tout au tout du précédent. L'affaire est vite conclue, un contrat est signé.

Les deux jeunes gens s'installent dans la petite maison. Ils sont à la fois gais et sérieux. Il y a de la fraîcheur en eux. Cela fait du bien à Bertrand.

Un potager est à leur disposition. Avant n'y poussaient que de mauvaises herbes. Maintenant s'y mêlent courgettes et fleurs, tomates et tournesols, asters et pommes de terre. Dans la petite maison, des livres, pas de télévision, une radio pour écouter de la musique. Le dimanche, ils invitent des copains, déjeunent dehors autour d'une grande table en bois. Bertrand entend des rires. Dans la cour, des poules, un caneton qui aime être caressé.

Les maisons, la grande et la petite, reprennent vie.

Ce sentiment que la vie reprend, Bertrand l'avait déjà éprouvé.

Quand il avait rencontré Florence, il était marié et « c'est curieux, me dit-il, dès que j'ai vu Florence, au premier regard, j'ai compris que c'en était fini avec ma femme. Je n'étais pas vraiment malheureux avec elle — je me suis aperçu que je l'étais du jour où j'ai rencontré Florence. Nous ne nous querellions pas, pas assez peut-être... Comment dire ? C'était gris, terne, immobile comme certains ciels d'hiver. Ce qui m'a immédiatement attiré vers Florence, c'était sa jeunesse, bien sûr, sa gaieté et, bien que je ne sache pas trop ce que signifie ce mot, elle était *naturelle*. J'ai vite divorcé, mon ex-femme était d'accord, sans doute ressentait-elle, sans se l'avouer, la même chose que moi. Alors, nous nous sommes installés Florence et moi dans la maison que tu connais.

« Avant, je me contentais de faire mes cours à

la fac. Sans ennui, avec sérieux, mais enfin, à la longue, on se répète. La monotonie s'installait. J'avais l'impression de vaquer à mes occupations, voilà tout. Et *vaquer*, qu'est-ce d'autre que chercher à combler le vide, un vide intérieur ? Après mon mariage avec Florence, après avoir découvert notre maison, il s'est passé quelque chose qui m'étonne encore : l'envie m'est venue d'écrire, de n'être plus seulement un professeur, celui qui commente, qui explique. J'ai composé, non des essais, mais des portraits d'Edith Wharton, de Virginia Woolf, des écrivains que Florence aimait, c'était aussi une façon de célébrer celle qui m'avait redonné le goût de vivre, ce goût qui se perd, que je perds si facilement.

« Et puis, Éric est né, de nouveau ce sentiment que ma vie allait prendre un nouveau départ. Ce petit homme m'émerveillait. Le jour où il a fait ses premiers pas, on aurait dit qu'il conquérait l'espace ; un nouveau Neil Armstrong ! Et quand il a su nager, qu'il était plus fort que les vagues ! Dans le moindre de ses progrès, je voyais un exploit. Et moi qui n'étais déjà plus tout jeune, j'avais son âge, j'inventais le monde, j'étais au commencement de la vie, d'une vie qui, jour après jour, serait toujours neuve. Éric, tu comprends, c'était la vie immédiate, faite de sensations avant que le langage ne leur ôte toute leur fraîcheur.

« Tu dois trouver que je m'exalte, que je me leurre. Peut-être. N'empêche. Quand aujourd'hui sont en fleurs les arbres fruitiers que les jeunes gardiens ont plantés, quand je caresse le caneton comme je caressais Éric quand il était tout petit, je revis, je suis de nouveau animé et je me dis que Florence se réjouirait, elle aussi, que notre maison ait repris vie.

« Florence est toujours à mes côtés. Il n'y a pas eu de rupture. »

Voyageant en Italie, m'y promenant plutôt, sans but assigné, j'ai, dans une région volcanique, découvert un village. J'en ai oublié le nom, mais je me souviens de ce qui était inscrit sur un panneau : « Va bientôt mourir. » En oubliant le nom du village, j'effaçais à ma manière l'effacement à venir.

Dans ce village haut perché, quelques habitants, pour la plupart pas bien jeunes, s'accrochent. Ils savent que leur maison, que leur village ne vont pas tarder à disparaître, que jamais ils ne reprendront vie, que ce qu'a connu Bertrand n'est pas pour eux.

Éros en réanimation

La chose est bien connue, mais elle demeure à mes yeux assez étrange.

Ils viennent d'enterrer leur meilleur ami. Ils ont peine à retenir leurs larmes lorsqu'ils ont en quelques mots dit ce qu'avait été sa vie, ce qu'il représentait pour eux. Quand ils ont vu les fossoyeurs à l'œuvre, pour un peu ils auraient accompagné leur ami dans sa tombe. Puis, à la sortie du cimetière, ils ont bu un verre avec des copains. Ils ont évoqué des souvenirs heureux. Le soir, ils sont rentrés chez eux. Ils ont été pris d'une irrésistible et furieuse envie de faire l'amour.

Que cherchaient-ils? à conjurer la mort? ou à éprouver à leur tour, dans une jouissance partagée, quelque chose qui ressemblerait à la mort, cette « petite mort » où nos individualités se dissolvent, ou le « moi » disparaît. Quand nous, Français, disons jouissance, la langue anglaise parle d'*agony of joy…*

Alain aime sa compagne, il m'a dit tenir à elle comme à personne, il n'ignore pas que sans elle tout irait à vau-l'eau, leur vie sexuelle le satisfait. Pourtant, de temps à autre, il lui faut aller voir d'autres femmes, une nuit ou quelques jours pour, très vite, revenir vers sa compagne et l'étreindre de nouveau.

Je parle d'Alain, mais ce pourrait être aussi bien de Jacques, de Paul, de Victor, de tous les hommes peut-être (quant aux femmes, c'est leur secret). Ils n'ont pas le sentiment de « tromper » celle qu'ils aiment. Ils ont juste peur qu'Éros ne s'endorme, ne s'éloigne jusqu'à disparaître. Alors, ils prennent le devant. Leur seul souci : maintenir éveillé Éros. Du moins, c'est ce qu'ils prétendent.

À défaut de paradis,
à défaut de résurrection

Il venait de fêter — non, il n'avait rien fêté du tout — son quatre-vingtième anniversaire.

Il n'était pas malade, ses voisins disaient de lui qu'il se portait comme un charme, qu'il était en grande forme, ce qui était excessif, mais enfin, il n'avait pas à se plaindre de son état de santé. Ce dont il souffrait, c'était de la solitude.

Il était veuf, ses enfants vivaient à l'étranger ; quant à ses petits-enfants, ils avaient mieux à faire que de s'occuper de ce vieil homme. De courtes visites, de plus en plus espacées, c'était bien suffisant.

Alors, M. Langlois décida de chercher une maison de retraite qui pourrait l'accueillir. Là, il ne serait plus seul. Il se mit en quête méthodiquement d'un lieu, sinon idéal, du moins qui lui conviendrait. Il le chercha comme autrefois il consultait le guide Michelin pour y dénicher un hôtel agréable, pas un palace, il n'en avait pas les moyens, mais pas non plus une pension minable. Il élimina toutes celles dont il trouvait les appellations mensongères : *La Roseraie*, *Les Primevères*, *L'Oasis*. Une maison de retraite, c'était une maison de retraite, autant le reconnaître et ne pas tromper son monde. Il s'était laissé séduire jadis par un hôtel baptisé *Hôtel de la plage* qui, en réalité, était situé face à la gare distante d'un bon kilomètre de la mer. On ne l'y reprendrait plus !

La maison que choisit M. Langlois, après en avoir visité plusieurs, était de taille moyenne — trente pensionnaires tout au plus —, éloignée de toute ville, un ancien manoir qui avait sans doute été la propriété de quelque notable de la région.

À peine y était-il entré qu'il eut envie de la quitter. Un manoir, cette maison ? Non, un mouroir. Décidément, ce n'était pas pour lui. Il ne vit là que des vieillards, assoupis dans leur fauteuil dans l'attente de leur dernier sommeil. M. Langlois ne dissimulait pas son grand âge — le troisième ? le quatrième ? Il ne savait pas au juste — mais, quand même, il n'était pas l'un de ces vieillards hébétés. Quand quelqu'un lui avait reproché de ne pas aller rendre visite à un « vieux » comme lui, mais très mal en point et muré dans son silence, il avait répondu : « Un vieux, ça suffit. »

Il se donna quelques jours de réflexion : lui fallait-il quitter ce lieu sinistre ou tenter de s'y acclimater ?

Il avait repéré dès le premier soir dans un coin du salon, où les « résidants » étaient invités à participer à des jeux de société, deux femmes qui lui parurent sortir du lot. Elles devaient avoir à peu près le même âge que lui, mais leur tenue comme la sienne était soignée, leurs cheveux blancs bien coiffés. À l'écart des autres, elles ne cessaient de poursuivre un bavardage animé.

M. Langlois se présenta à elles, engagea la conversation. Les jours suivants, au réfectoire, il prit ses repas auprès d'elles, qui en vinrent à se confier à lui.

L'une était toute petite, un peu frêle. Les pensionnaires l'appelaient Mme Moineau. L'autre, plus grande, semblait dotée d'une infatigable énergie.

Elles étaient toutes deux de ferventes chrétiennes. M. Langlois comprit vite que ce qui les avait conduites à se rapprocher, c'était, outre leur foi commune, le fait que chacune d'elles avait perdu sa fille. Mme Moineau, quelques années auparavant : sa fille avait été emportée par un cancer à l'âge de cinquante ans. La fille de l'autre, la femme énergique, était morte enfant, à la suite d'une appendicite aiguë diagnostiquée tardivement.

Les deux femmes disaient ne s'être jamais remises de ces pertes.

Mme Moineau était convaincue que, lorsque son tour viendrait de passer dans l'au-delà, elle retrouverait sa fille au paradis et qu'elles vivraient ensemble pour l'éternité.

L'autre femme croyait dur comme fer à la résurrection : sa fille, son enfant innocent, allait ressusciter. En ce qui la concernait, elle, c'était moins sûr, mais peu lui importait, l'essentiel était que sa fille soit de nouveau vivante.

M. Langlois qui ne croyait ni à Dieu ni au diable — si, il croyait au diable, il pensait même que c'était lui qui avait créé le monde et que Dieu, à supposer qu'il existât, était venu après pour tenter en vain de réparer les dégâts — écoutait ces fariboles en souriant. Mais il dut vite admettre que les convictions bien ancrées de ces femmes ne le laissaient pas indifférent.

Et puis toutes deux s'attachaient à lui, et cela non plus ne le laissait pas indifférent. Elles riaient de ses bons mots, elles s'intéressaient à ce qu'avait été son métier d'ingénieur chimiste, elles se montraient plus coquettes. Il trouvait même qu'elles rivalisaient dans leur empressement à lui plaire. Peut-être étaient-elles jalouses. Le jour où Mme Moineau lui prit la main pour rejoindre le réfectoire et que, cette main, une fois assise, elle ne la quitta pas, l'autre femme, celle qui croyait en la résurrection des morts, jeta au « couple » un regard assassin.

Jour après jour, M. Langlois se sentait renaître. Ressusciter, non, il ne fallait pas exagérer. Mais il avait néanmoins le sentiment de sortir d'une tombe, cette tombe où l'avaient précipité la solitude, la mort de sa femme, l'éloignement de ses enfants, la disparition des collègues et amis de sa génération. La tombe de l'oubli.

Quand on lui disait, avant qu'il ne parte pour la maison de retraite : « Alors, monsieur Langlois, toujours bon pied, bon œil ! », il n'en croyait pas un mot, car sa vue ne faisait que baisser et il tenait mal sur ses pieds — il lui fallait prendre appui sur sa commode pour enfiler son pantalon.

Maintenant une petite lumière éclairait ses jours et ses nuits. « Elles sont à moitié folles, ces deux femmes, mais, grâce à elles, je marche d'un meilleur pas, je vais de l'avant. »

Un remède de cheval

C'est une longue histoire qui peut tenir en quelques lignes. Je la raconte telle qu'elle me fut racontée il y a de cela une dizaine d'années, à la terrasse d'un café de Privas, par un vétérinaire à la retraite. Nos tables étaient voisines, nous n'avions rien de particulier à faire, il faisait très chaud, nous buvions un verre de vin blanc bien frais. Après avoir échangé les banalités d'usage — « Vous êtes d'ici ? — Non, je suis en vacances, et vous ? — Oui, depuis toujours ou presque », l'homme — était-ce l'effet du vin blanc ou le besoin de s'épancher auprès d'un inconnu ? — entreprit de me retracer le cours de son existence.

Cet été-là, autour de 1935, il était en vacances avec ses parents, son frère et sa petite sœur, dans une ancienne ferme isolée au cœur de l'Ardèche que leur avaient prêtée des cousins partis de leur côté en voyage. Pour le petit garçon, enfant du bitume parisien, ce fut — le vieil homme évoquait ce temps lointain comme s'il était présent — une découverte. Les arbres, les bêtes, le poulailler, le chien de berger, et surtout un cheval. Il n'avait jamais vu de chevaux, il ne connaissait que ceux en bois du manège des Tuileries… Il s'approchait de la jument, se haussait autant qu'il pouvait sur la pointe des pieds et lui caressait le flanc.

Ces vacances avaient eu pour lui un goût particulier, elles ne ressemblaient à aucune des précédentes ni à celles qui allaient suivre. Elles étaient inoubliables.

Inoubliables aussi par ce qui survint. Un matin, il se réveilla avec une forte fièvre, une mauvaise toux, la gorge en feu au point qu'il avait du mal à parler. Le médecin du village voisin, un homme âgé, d'aspect débonnaire mais peut-être pas très compétent, parla de diphtérie et prescrivit un sérum.

« Vous savez, à l'époque, avant la guerre, on ne vaccinait pas les enfants contre la diphtérie comme aujourd'hui, c'était une maladie grave et surtout elle était contagieuse. Alors mon père décida aussitôt de me ramener à Paris, laissant ma mère, mon frère et ma sœur à la ferme. Prendre le train seul avec mon père qui me tenait la main tout au long du voyage et s'efforçait de me cacher son inquiétude, ça aussi c'était quelque chose d'exceptionnel. Vous ne pouvez pas imaginer combien j'étais fier, heureux, malgré ma gorge en feu. J'étais convaincu — vous savez comme sont les enfants, ils se font des idées et y croient dur comme fer — que mon père préférait mon frère aîné. Cette fois, c'était moi le fils élu.

« Nouvel épisode : revenu dans notre petit appartement parisien, couché dans mon lit et toujours mal en point, voilà que mes jambes refusent de bouger. Elles sont inertes, elles sont paralysées. N'allais-je plus pouvoir marcher, serais-je un infirme à vie ?

« La paralysie cessa après une dizaine de jours.

« Le sérum qui m'avait été injecté était composé — du moins c'est ce que j'ai compris — de sang de cheval. Le vieux médecin avait mis en garde mes parents : "Quand le petit sera rétabli, faites bien attention, évitez à tout prix qu'il mange de la viande de cheval."

« Vous aurez du mal à me croire, mais pendant des années cette mise en garde, cette menace, m'a poursuivi. J'avais une peur bleue qu'à la cantine du collège on ne mette dans mon assiette un bifteck de cheval et, quand je passais devant la boucherie chevaline de mon quartier, c'est tout juste si je ne changeais pas de trottoir. C'était absurde, je vous l'accorde, totalement déraisonnable, mais une conviction, une conviction intime, c'est plus fort que la raison.

« Ce qui me troublait le plus c'est ceci : comment voulez-vous que l'enfant que j'étais puisse comprendre que le cheval, celui que j'avais caressé dans la ferme, si paisible, si doux au toucher, avec ses grands yeux innocents puisse se transformer en un être maléfique faisant de moi un invalide ? Bien sûr, je ne me formulais pas les choses aussi clairement dans ma petite tête, n'empêche, cette image contradictoire était là, ancrée tout au fond de moi.

« Pour en sortir, pour que le cheval redevienne un ami, je parvins à convaincre mes parents, sans leur avouer ce qui me tourmentait en secret, de m'offrir des leçons d'équitation. Ils y consentirent — je n'étais pas un enfant capricieux et en classe tout allait bien.

« Le maître du manège me trouva doué. Très vite, juché, moi pas bien grand, sur une belle et haute jument à la robe tachetée, j'appris à sauter des obstacles. Elle m'obéissait. J'étais heureux comme tout, rempli de fierté et surtout délivré de mon tourment.

« Des années plus tard, j'ai effectué mon service militaire dans un régiment de cavalerie, un des derniers qui existaient encore. Après, les chars d'assaut ont remplacé les chevaux. On n'arrête pas le progrès, dit-on. Mais là j'ai eu moins de chance qu'au manège. Je fis une mauvaise chute : plusieurs fractures des deux jambes, ce qui fait que je boite légèrement, vous l'avez sans doute remarqué tout à l'heure quand je vous ai rejoint au café. Je claudique mais je ne suis pas paralysé !

— Vous êtes devenu vétérinaire ?

— Oui, je le suis depuis cinquante ans. Enfin, je l'ai été, car maintenant j'ai pris ma retraite. En réalité, j'aurais voulu être médecin, pédiatre, plus précisément. Soigner les enfants, veiller sur leur santé, deviner ce dont ils souffrent, quel beau métier !

« Mais les études de médecine sont longues, difficiles, coûteuses, et mes parents auraient eu bien du mal à m'aider, d'autant plus que mon frère aîné leur causait beaucoup de soucis. Alors, je me suis tourné vers l'école de Maisons-Alfort, et c'est comme ça que je me suis retrouvé vétérinaire. En Ardèche, évidemment, ajouta-t-il en souriant.

« Quant une jument met bas et que son poulain, aussitôt né, se tient tant bien que mal sur ses jambes qui vacillent, vous ne pouvez pas imaginer le bonheur que j'éprouve. À chaque fois — et Dieu sait que j'en ai mis au monde des poulains — c'est le plus beau jour de ma vie.

« Je ne sais pas pourquoi je vous ai raconté tout cela. Ça n'a aucun intérêt. »

Le handicap

C'était le jour de la distribution des prix, celui qui clôt l'année scolaire et annonce le départ en vacances.

J'attendais Gabriel à la sortie du lycée Buffon. Sa mère, retenue par son travail, m'avait demandé de venir à sa place : « Ça lui fera plaisir. » J'étais le parrain de Gabriel, et à moi en tout cas cela faisait plaisir.

Les élèves commençaient à sortir, attendus par leurs parents. Embrassades, félicitations.

Gabriel fut un des derniers à apparaître, les bras chargés de livres. Il avait récolté tous les prix de sa classe de quatrième, y compris celui de gymnastique. Depuis l'école primaire, il avait toujours reçu le prix d'excellence.

Loin d'être enjoué comme ses camarades, il me parut affreusement triste. Sottement, je lui dis : « Tu dois être drôlement fier. Tous ces prix, c'est formidable ! » Un petit sourire crispé en guise de réponse. Je le raccompagnai chez lui, c'est à peine si nous avons échangé trois mots.

J'étais très attaché à ce jeune garçon qui avait perdu son père à l'âge de cinq ans, tué dans un accident de voiture — conséquence d'un pari stupide fait avec son meilleur ami, à qui roulerait le plus vite sur une route de campagne. Sa voiture avait loupé un virage et s'était écrasée sur un platane. Mort sur le coup.

Les années qui suivirent l'accident, Gabriel les passa entouré de femmes : sa mère, sa grand-mère, sa sœur aînée. Je connaissais sa mère, j'allais souvent lui rendre visite rue Fortuny, parfois nous déjeunions ensemble. Au cours d'un de ces déjeuners, elle me demanda si j'accepterais d'être le parrain de son fils : « Ça manque d'hommes autour de lui. » J'hésitai un moment, me voyant mal endosser le rôle d'un père de substitution. Finalement, j'acceptai. Elle n'avait pas tort, il fallait un homme dans le paysage de Gabriel.

Je savais qu'elle n'évoquait jamais devant son fils la figure de son mari, j'avais des raisons de penser qu'elle lui en voulait. Des proches n'avaient pas manqué de l'informer qu'il n'était pas seul dans la voiture, une jeune femme était à ses côtés qui, elle, s'en sortit sans trop de dommages.

Mort subite, puis silence prolongé : pour Gabriel, son père était mort deux fois.

Élève modèle, enfant modèle. Je me disais que, si Gabriel, ce matin de la distribution des prix, était si triste et comme déçu, presque abattu par ses succès, c'était parce qu'il n'avait personne à qui dédier tous ces livres à la couverture rouge cerclée de fils dorés. Décidément, je n'étais pour lui qu'un père de substitution. Un *ersatz*.

Certes, c'était mieux que rien. Alors, je continuai à m'occuper de lui. Je l'emmenais au cinéma, je l'ouvrais à la littérature ; intentionnellement, il m'arriva de lui passer le volant de ma voiture, bien avant qu'il eût l'âge d'obtenir son permis de conduire, comme pour conjurer le drame.

Quand il eut réussi son baccalauréat avec mention très bien, cela allait de soi, je le poussai à entrer dans une école préparant au concours d'une grande école. Ce fut une erreur. Il ne s'y plut pas et la quitta avant la fin de l'année. Peut-être parce qu'il fut surpris de ne plus être le premier dans une classe qui ne comptait que des « premiers de classe ». Mais je crois qu'autre chose intervint : la lassitude d'avoir à supporter le poids d'être un élève, un fils modèle, le poids d'un savoir qui s'accumulait année après année. Il en avait franchement assez. À sa manière douce, sans fracas mais résolument, il se révolta.

Il quitta mère, grand-mère, grande sœur, père de substitution, il quitta la France, n'emportant avec lui dans un sac à dos qu'un minimum d'affaires. Et un seul livre : *Sur la route*, de Kerouac.

Je n'eus plus de nouvelles de lui. Seule sa mère recevait de temps à autre une brève lettre en provenance de l'Amérique latine l'assurant que tout allait bien.

Que fit-il là-bas? Je ne sais trop. Il dut trouver quelques petits boulots lui permettant de subsister. Et — cela il me le confia quand je le revis des années plus tard — il prit goût aux drogues « douces », et même à celles qui ne l'étaient pas.

Il avait voulu fuir. Il avait voulu être ailleurs. Était-ce un moyen de rechercher son *vrai* père, ce père, je l'ai dit, deux fois mort, un père dont un accident avait brusquement rompu une vie qui, comme celle de Gabriel, avait jusqu'alors suivi un parcours rectiligne et s'annonçait riche de promesses? Pour le père et le fils, un virage… Gabriel allait-il louper le sien? Allait-il « mal tourner »? Je l'ai craint.

De retour à Paris, il ne reprit pas ses études. Il apprit avec le même sérieux, la même application qui avaient été les siens à l'école, au lycée, la menuiserie. Là, il était à son affaire. Il aimait travailler le bois. Il aimait ce que fabriquait sa main. Il aurait pu gagner sa vie en pratiquant ce métier dans lequel il excellait — toujours l'excellence… Mais ce n'est pas à cela qu'il consacra tout son temps.

Il choisit de travailler au sein d'institutions qui s'occupaient de jeunes handicapés. Il s'employa à leur transmettre ce qu'il avait appris peu à peu par lui-même : un savoir-faire, pas un savoir inculqué.

Ce savoir que lui avait imposé l'école était son handicap à lui. C'est ce qu'il avait dû ressentir ce jour où j'avais été l'attendre à la sortie du lycée, ce matin où il avait paru littéralement écrasé par le poids des ouvrages censés le récompenser.

Gabriel a maintenant un fils qu'il aime infiniment.

L'autre jour, je les ai entrevus, le père et le fils, tout près du lycée Buffon, ils n'y allaient pas, ils marchaient d'un pas vif, ils conversaient, ils riaient.

Cela faisait plaisir à voir.

Je me serais senti de trop si je les avais abordés.

Gabriel n'avait plus besoin de moi, d'un père par défaut.

Constance

Grand mariage, grande réception, robe de grand couturier, son mari grand avocat d'affaires, tout était grand, un peu trop grand pour la jeune femme qui s'efforçait de se montrer radieuse.

« Je t'emmène à New York, ce sera notre voyage de noces. »

Dans la grande chambre du *Waldorf Astoria*, elle est seule. Son mari est sorti, il a des rendez-vous avec des clients importants. « Je reviendrai peut-être un peu tard, tu devrais profiter de mon absence pour aller explorer la ville. »

Elle préfère attendre. Elle n'a pas envie de sortir. Le jour précédent, elle avait longuement marché, s'était égarée malgré le plan de New York qu'elle s'était procuré. Elle n'avait pas de but précis, alors que tous ceux qu'elle croisait avançaient d'un pas vif, décidé, on aurait pu dire qu'ils avaient tous, comme son mari, des rendez-vous importants. Comme ils étaient affairés, sérieux, indifférents!

Elle était rentrée à l'hôtel et s'était assoupie. Aujourd'hui, elle décide de sortir de nouveau, elle est lasse d'attendre son mari qui n'a pas même l'air de s'apercevoir qu'il la délaisse.

Un homme la suit, l'aborde, saisit son bras, lui propose de l'emmener dans un petit hôtel. Elle accepte.

Dans la chambre il la prend assez brutalement, mais en lui disant des mots tendres. Elle a accès à un plaisir inconnu.

Dans la rue, l'homme lui dit, toujours avec douceur : « Vous reviendrez demain? » Elle ne dit ni oui ni non.

Elle ne sait rien de lui : vient-il du Mexique, de Porto Rico, d'un autre pays? Elle ne lui a pas demandé. D'ailleurs, elle ne lui a rien demandé. Il est apparu, voilà tout.

Ils se quittent.

Elle revient dans le palace. Son mari est là. Cette fois c'est lui qui attend. Il lui dit : « Tu as un drôle d'air. — Ça doit être l'air de New York. »

Un soir, à Paris, nous dînions tous les deux, en tête à tête, Constance et moi. Elle avait un peu bu.

Elle me confia l'épisode new-yorkais. « Ce fut la seule fois où… », me dit-elle.

Elle ne mentait pas, Constance, la bien nommée, se montra toujours fidèle à l'homme aux rendez-vous importants qui avait négligé le plus important de tous.

L'inquiétude de Raphaël

Il n'était pas franchement beau, mais personne ne s'en souciait, ni les autres ni lui-même. Il avait du charme, il le savait et il savait aussi en jouer. Les femmes y étaient sensibles, il passait pour un séducteur, les hommes l'enviaient.

D'une femme à l'autre, telle aurait pu être sa devise.

À la surprise de ses amis comme à la sienne, voici qu'il *tombe* amoureux, qu'il tombe en amour. Il a le sentiment en effet de tomber, de chuter sur une terre inconnue. C'est tout nouveau pour lui, à la fois délicieux et extrêmement inquiétant.

Avec cette femme-là il ressent autre chose que du désir, autre chose même que de l'amour. Elle et lui sont débordés par une force qu'ils ne contrôlent pas, qui les entraîne, comme un courant marin qui vous déporte vers le large.

Pour la première fois de sa vie Raphaël fait connaissance avec la passion.

Du côté de la femme, c'est l'effroi. Ce qui la retient de s'abandonner à cette passion c'est, pour une part — pour une part seulement —, qu'elle conserve un lien avec un autre homme. Cet homme depuis plusieurs mois a cessé d'être son amant. Pourtant elle ne se résout pas à le quitter tout à fait. Se séparer définitivement lui est impossible. Se séparer lui a toujours été impossible.

Autrefois, pendant de longues, très longues années, elle était restée auprès d'un homme, avait connu une vie terne, déprimante, mais elle ne l'avait pas quitté, il a fallu que ce soit lui qui la quitte, autrement elle serait toujours avec lui, vouée à l'ennui, à la solitude.

Raphaël s'irritait de l'attitude de cette femme. Tantôt, dans l'intensité sensuelle de leurs rencontres, elle était toute à lui. Tantôt elle s'éloignait, se refusait à le voir pour, quelques jours plus tard, revenir.

Il envisagea de se séparer d'elle. La séparation, ça lui était familier. Une autre femme ne manquerait pas d'occuper la place de celle avec laquelle il avait rompu. Les amours ne sont pas faites pour durer.

Mais quitter cette femme-là — appelons-là Noémie — le ferait horriblement souffrir, et la souffrance, décidément, ce n'était pas fait pour lui, il avait toujours su s'en préserver.

Raphaël me confia son désarroi : fallait-il mettre fin à cet amour-passion ou attendre avec l'espoir que Noémie se déciderait à se séparer de son passé, une fois pour toutes ? De son passé proche et de son passé lointain, celui de son enfance. Elle se refusait à occuper une place fixe qui récuserait ce qui avait eu lieu avant. Pourquoi le temps n'était-il pas immobile ?

Raphaël dépendait d'une femme qui ne savait pas ce qu'elle voulait. Et dépendre d'une femme qui porte l'incertitude en elle, ce n'est pas facile à vivre.

Nous ne voulons pas de mères incertaines, qui disparaissent et réapparaissent poussées par on ne sait quoi, nous ne voulons pas de mères intermittentes, nous ne voulons pas que l'inconnu soit au cœur d'elles-mêmes. Pourquoi ne nous disent-elles pas : « Tu es là, ta seule existence, ta seule présence me suffit, elle me comble, je serai auprès de toi aussi longtemps que tu le souhaiteras. Quand tu sentiras le besoin de t'éloigner, éloigne-toi sans te sentir coupable. Ne crains rien, je ne te laisserai jamais tomber. Même absente, même invisible, je serai là. »

Incertaine Noémie. Incertain Raphaël.

La passerelle, le carrefour

Christian Lambert préparait le concours d'internat. Christiane Lacroix était étudiante en deuxième année de médecine dans le même CHU. Une étudiante sérieuse plus âgée que ses condisciples. C'était d'autant plus important pour elle de réussir ses examens qu'elle avait dû, aussitôt après avoir obtenu son baccalauréat, gagner sa vie comme secrétaire. Ni son père ni sa mère, divorcés, ne pouvaient l'aider. Elle parvint à mettre un peu d'argent de côté et, à vingt-quatre ans, entreprit des études de médecine.

Au cours d'un stage, elle fit la connaissance de Christian. Il remarqua Christiane, fut sensible à son sérieux, à son désir d'apprendre. Elle avait de longs cheveux noirs, le teint mat et les yeux verts couleur d'émeraude. Quelque chose en elle, il ne savait pas trop quoi, évoquait l'enfance : la fraîcheur, la curiosité de l'enfant, sa vulnérabilité, l'innocence.

Parfois, en sortant de l'hôpital, ils faisaient un bout de chemin ensemble. Ils habitaient le même quartier près de la place Maubert, ils portaient le même prénom. « Vous vous appelez Christiane, et moi Christian. Nous habitons à deux pas l'un de l'autre, nous sommes faits pour nous entendre », et il lui prenait le bras.

Un jour de printemps, au lieu de suivre leur itinéraire habituel, ils empruntèrent le pont des Arts. Un passant, en les croisant, leur adressa un sourire et leur dit : « Alors, les amoureux ! » Ils ne s'embrassaient pas, ils marchaient bras dessus, bras dessous, comme deux amis, voilà tout.

Cette interpellation « Alors, les amoureux ! » leur fut une révélation. Ce qu'ils n'osaient pas s'avouer sautait aux yeux du premier venu.

Christian, depuis quelques mois, vivait un amour compliqué avec une femme compliquée. Il s'était épris d'elle, follement. Il ne savait jamais à quoi s'en tenir : tantôt elle lui donnait des preuves indéniables d'amour — indéniables, selon lui —, tantôt elle lui donnait des preuves, indéniables celles-là à coup sûr, qu'il ne comptait guère pour elle. Elle avait eu d'autres amants avant lui, elle en aurait d'autres après, peut-être même en avait-elle un autre maintenant. Il s'en voulait d'être aussi dépendant des intermittences de cette femme compliquée, de cette femme imprévisible, de cet être de fuite. Il s'en voulait d'être aussi aimanté par elle, de ne pas parvenir à s'en détacher, d'être irrésistiblement attiré par elle, oui, elle était son aimant. Il s'en voulait, mais rien n'y faisait. Il avait beau savoir qu'il devrait la quitter avant qu'elle ne lui signifie son congé, il demeurait aimanté.

Et puis, ce fut le jour du pont des Arts, qu'il préférait appeler la passerelle puisque seuls y ont accès les piétons. À cette époque l'autre femme séjournait au Canada où, disait-elle — mais cela pouvait être un mensonge de plus —, l'entreprise qui l'employait l'avait envoyée. Christian, du fait de la distance qui les séparait — c'était loin, le Canada —, se sentit alors comme libéré, il respirait, il pouvait à nouveau prendre du plaisir à goûter les choses les plus ordinaires qu'offre la vie, du plaisir aussi à soigner les autres au lieu de rester accroché à sa propre maladie d'amour dont il échouait à se guérir.

Avec Christiane, comme tout était simple, comme tout était limpide! Aragon avait tort : il existait des amours heureux.

Après trois mois d'absence, la femme imprévisible revint à Paris, elle revit Christian. Elle s'aperçut vite qu'il avait changé, elle soupçonna quelque chose, Christian finit par lui avouer qu'il avait, selon la formule habituelle, « rencontré quelqu'un ». Elle lui mit le marché en main : « C'est elle ou moi. » Elle se jeta dans ses bras, lui donna des preuves, cette fois indéniables, qu'elle l'aimait, allant jusqu'à lui dire qu'il était l'homme de sa vie.

Il décida, pas trop fier de lui, de rompre avec Christiane. Quelques jours après qu'il lui eut annoncé qu'il avait renoué avec l'autre femme, Christiane, qui n'avait pas vu le feu rouge du carrefour de la rue Saint-Jacques et de la rue des Écoles, heurta violemment une voiture. Elle fut blessée, rien de bien grave, quelques blessures autour de ses yeux verts. Sa mère, qui était au courant de leur histoire, avertit Christian. Christiane s'était réfugiée chez elle pour se remettre de l'accident. La mère laissa entendre, à demi-mot, que l'accident survenu juste après la rupture n'était peut-être pas le fait du hasard. Elle n'accusait pas Christian, ce qui le rendit d'autant plus coupable.

Les choses auraient pu en rester là. Il en fut autrement. Des années plus tard, Christian devenu chef de service revit Christiane qui avait mené à bien ses études de médecine et officiait dans un service voisin. Elle lui apprit qu'elle s'était mariée, qu'elle avait deux enfants. Il remarqua qu'elle avait toujours une cicatrice autour de ses yeux verts. Il ne lui dit pas que l'autre femme l'avait plaqué, la femme imprévisible, et pourtant, aux yeux de tous, sauf à ceux de Christian, c'était prévisible.

Leurs parcours professionnels respectifs éloignèrent Christian de Christiane. Elle était toujours présente en lui et sans doute était-il présent en elle.

Elle tomba gravement malade. Le hasard — était-ce là encore un hasard? — fit qu'elle fut traitée dans le service qu'il dirigeait. Il fit tout ce qu'il put pour la soigner, mais son mal était incurable.

Lui non plus, à sa manière, n'était pas guéri. Il ne cessait de se demander : « Mais pourquoi, pourquoi l'ai-je quittée, ma douce Christiane, après que nos vies se sont rejointes sur la passerelle, pourquoi, au carrefour de la rue des Écoles et de la rue Saint-Jacques, le feu n'était-il pas au vert comme ses yeux, pourquoi moi me suis-je engagé dans une impasse avec l'autre femme, alors qu'avec Christiane c'eût été quelque chose qui aurait pu ressembler au bonheur? »

La foire aux vanités

Aurélien Darmon avait vingt-cinq ans. Son premier roman intitulé *Je t'attends* venait de paraître, ce n'était pas un titre génial, il en convenait, mais un titre qui lui allait bien : il attendait le succès, il attendait de rencontrer la femme de ses rêves.

Les débuts s'annonçaient prometteurs : il avait été convié à une émission littéraire célèbre à l'époque, il ne s'était pas montré très doué pour se faire valoir, il avait bredouillé, alors que les autres participants, des habitués, étaient manifestement à leur aise, parvenaient sans effort à alternativement faire rire et émouvoir. Mais le seul fait d'être « passé à la télévision » eut pour effet que, les jours suivants, son livre fut exposé dans la vitrine des libraires. Du coup, son éditeur le choisit, avec d'autres plus connus, pour le représenter au Salon du Livre. Il en fut flatté, la chance lui souriait.

Le voilà donc installé face à une petite table où s'empilent les exemplaires de son roman. Quelques visiteurs s'arrêtent, ouvrent le livre, jettent un œil sur la quatrième de couverture et s'en vont sans un mot. Il est plus que déçu, humilié, il se sent comme une prostituée offrant ses charmes pour séduire le client, et le client passe son chemin pour aller vers une autre. L'autre, ce jour-là, c'était son voisin de table, un auteur de best-sellers. Il signait autographe sur autographe : « En sincère hommage », « En bien cordial hommage ». Quand c'était une femme qui se présentait, il allait jusqu'à écrire : « Pour Véronique » ou « Pour Catherine » (les femmes n'indiquaient que leur prénom) « dont je n'oublierai pas le sourire ». Avec une telle dédicace il était sûr qu'elles ne l'oublieraient pas, qu'elles achèteraient son prochain ouvrage. L'habile homme. La file d'attente était de plus en plus longue.

L'auteur de best-sellers voulut voler au secours du jeune auteur désemparé : « Il parle de quoi, votre roman ? — D'un amour, d'un amour qui finit mal. — Eh bien, je souhaite que pour votre livre ça commence et ça finisse bien ! » Encouragement ou ironie ? Aurélien n'y vit que de l'ironie.

Il restait toujours sur sa chaise, face à sa pile de livres. Un jeune homme en acheta un. Le temps passait, le moment était venu de céder la place à l'auteur suivant. Il allait partir quand un visiteur lui demanda : « Pardon, pourriez-vous m'indiquer où se trouvent les toilettes ? » C'en était trop, Aurélien partit, en se jurant qu'il ne mettrait plus jamais les pieds au Salon du Livre.

Il les remit pourtant plus d'une fois. Chaque année ses livres obtenaient un succès croissant, la file d'attente s'allongeait. Sur le bandeau rouge qui entourait le livre, on ne lisait plus « Premier roman » mais, en lettres capitales, « AURÉLIEN DARMON » et, un peu plus tard, consécration suprême, simplement « DARMON »... Comme Modiano, comme Le Clézio, prix Nobel, comme Quignard, prix Goncourt.

Il suivait de près le chiffre des ventes. Cinquante mille, cent mille exemplaires, de quoi se réjouir, de quoi faire des jaloux. Mais, Aurélien était un éternel insatisfait à moins qu'il ne fût fou d'orgueil : qu'étaient-ce que les cinquante, les cent mille exemplaires si l'on pensait, il y pensait, que la planète compte sept milliards d'individus ? Bien peu de chose. Vanité des vanités. À quoi bon se donner tout ce mal pour « pondre » tous les deux ans un best-seller qui était loin de valoir son premier roman ?

Il décida qu'il renoncerait à écrire. Il confia son

dernier texte à une revue nommée *L'Éphémère*. Elle avait choisi ce nom, prévoyant sans doute que sa vie serait brève. Le fait est qu'elle disparut très vite.

Il y a quelques jours, j'ai croisé Aurélien Darmon. J'avais vu des photographies de lui, je l'ai reconnu tout de suite. Il sortait de chez un fleuriste qui ne vend que des roses, il tenait un bouquet à la main, je le vis sentir l'odeur des roses, celles qui ne vivent que l'espace d'un matin. Il paraissait serein.

La comparaison

Arnaud Leblanc venait de commencer à pratiquer la psychanalyse après six ans passés sur un divan, six autres à fréquenter assidûment séminaires et groupes de travail, puis avait obtenu la validation de deux supervisions, bref avait franchi les différents obstacles de ce que ses congénères appelaient un « parcours du combattant ». Dans le langage de l'institution à laquelle il appartenait, on disait « avoir achevé sa formation ». Le moment était enfin venu où il pourrait recevoir à son tour des patients prêts à engager avec lui une analyse.

C'est peu dire qu'on ne se bousculait pas à la porte de son cabinet. Tout était pourtant bien à sa place. Il avait acheté un divan — assez long pour que puissent s'y étendre les grands, mais pas trop quand même pour convenir aux petits — pourvu d'un matelas assez ferme pour que les patients ne soient pas tentés de s'y assoupir. Il avait acheté aussi pour lui un fauteuil confortable, mais là encore pas trop : certes, son attention se devait d'être « flottante », mais pas au point de le faire sombrer dans le sommeil.

Sur les murs, quelques gravures plutôt sombres et, pour faire bonne mesure et donner de l'espoir, quelques tableaux aux couleurs vives.

Sur les rayonnages d'une petite bibliothèque vitrée, les œuvres complètes de Freud, mais, afin de montrer discrètement qu'il n'était pas seulement un authentique freudien, des romans, des essais, des recueils de poésie.

Oui, tout était bien à sa place, mûrement réfléchi, dans le cabinet d'Arnaud.

Dans l'attente anxieuse de patients — il se refusait à dire « clients » —, il pensait à ce personnage d'une pièce de Labiche (était-elle bien de Labiche ?) qui, lui aussi, attend avec impatience que la sonnette retentisse.

Elle ne retentit pas.

Aussi, quand un analyste chevronné dont la « liste d'attente » était fort longue — à l'époque l'importance de ladite liste était le signe de la célébrité, c'était à qui afficherait la liste la plus longue, le phallus le plus imposant ! —, quand donc cet analyste au grand renom adressa à Arnaud un réalisateur de films, lui aussi renommé, il fut à la fois heureusement surpris et très inquiet.

Il connaissait la formule de Lacan : « L'analyste ne s'autorise que de lui-même. » Il l'avait faite sienne, d'abord, cette formule. Mais, en ce jour où il s'apprêtait à recevoir son patient — sans personne pour le superviser —, il ne se sentait nullement autorisé, et surtout pas par lui-même. Ce qui dominait en lui, c'était un sentiment d'imposture : « De quel droit vais-je occuper la place du psychanalyste et lui celle du patient ? L'inverse serait plus justifié. »

L'homme qui se présenta — sensiblement plus âgé que lui — lui fut d'emblée très sympathique. « Attention, lui avaient dit ses superviseurs, méfiez-vous de vos sentiments. Ce qui doit vous intéresser, ce que vous avez à analyser, c'est la névrose de vos patients, rien d'autre. Que vous les trouviez sympathiques, attachants, ou encore qu'ils vous soient antipathiques, voire insupportables, n'a pas à entrer en ligne de compte. Il ne vous appartient pas de comprendre mais d'analyser. » Analyser, ils n'avaient que ce mot-là à la bouche.

« Mes films ont connu du succès, la critique m'a couvert de louanges. » Il y avait dans cette déclaration de quoi susciter l'envie d'Arnaud : il avait tenté d'écrire des romans, aucun éditeur n'en avait voulu. Seules quelques lettres étaient relativement, très relativement, encourageantes. « Ce que vous écrivez, c'est, je vous le dis sans détour, du sous Marguerite Duras. » Un autre éditeur avait dit : « Du sous Modiano. » C'était toujours *sous*. Ces lettres avaient le don d'irriter Arnaud : « Qu'est-ce que c'est, cette manie de comparer ? et naturellement la comparaison est à mon désavantage, je viens *après*, plusieurs étages au-dessous. »

Heureusement pour lui, dès le second entretien, le cinéaste fit état d'un échec, ce qui ne manqua pas de réconforter Arnaud. « Je vous ai dit que mes films avaient du succès, c'est vrai, mais le dernier a fait un bide alors qu'il était mon préféré, et, depuis, je suis en panne. »

Mais, comme s'il lui fallait aussitôt se reprendre, il parla de ses amours avec une actrice célèbre, une femme superbe qui faisait rêver Arnaud, la femme inaccessible par excellence.

Alors, l'envie revenait, l'envie et, avec elle, la comparaison : « Qu'est-ce qu'il a donc ce réalisateur de films — lui, il *réalise*, moi je rêvasse — pour séduire les plus belles femmes, lui qui n'est même pas beau ? Qu'est-ce qu'il a donc que je n'ai pas ? »

Ce qui accentuait son amertume, c'est que cet homme n'avait certainement aucune raison de l'envier, lui, Arnaud l'analyste fraîchement installé.

La sympathie du début vira à l'agacement. Arnaud s'impatienta de constater que son patient ne jouait pas le jeu, qu'il ne relatait pas de rêves, qu'il n'évoquait pas son enfance, n'allait rien chercher dans sa mémoire — en avait-il une? —, alors que lui s'était plié à cet exercice. Au lieu d'« associer », de s'abandonner au flux des idées et des images, le cinéaste se complaisait dans le récit de ses amours tumultueuses et dans la nostalgie du temps de ses succès. « À la différence de lui, se disait Arnaud, j'ai découvert mes failles, je n'ai pas dissimulé mes blessures, j'ai même réouvert les plaies que je croyais cicatrisées. Moi, j'ai joué le jeu, qui n'était pas un jeu. J'en ai bavé sur le divan. »

En se disant cela, il reprenait le dessus, sans pour autant cesser de se comparer, que ce soit à son avantage ou à son détriment.

Il lui fallut du temps pour qu'une analogie s'impose avec ce qu'il avait connu : la rivalité fraternelle.

Son plus ancien ami s'appelait Pascal Lerieux.

Ils s'étaient rencontrés sur les bancs du lycée, ils se partageaient les prix. Pascal était plus fort en maths et en sciences, Arnaud en français et en anglais. Match nul en apparence. Pourtant, Arnaud se sentait toujours être le second, Pascal occupait la place du premier.

Puis, les deux amis avaient préparé les concours d'admission aux grandes écoles. Pascal avait été reçu, Arnaud avait dû se rabattre sur une école moins prestigieuse.

Pascal avait fait une brillante carrière dans l'administration. Arnaud avait mis du temps à trouver sa voie. Le second, le premier...

Oui, mais Pascal n'avait pas eu d'enfants. Sa femme était une grande hystérique, une faiseuse d'histoires qui faisait fuir ses amis, alors qu'Arnaud avait un fils et une fille et que sa femme était tout simplement heureuse d'être comme elle était, peau douce et caractère enjoué.

Il comparait, il comparait toujours.

Pascal mourut prématurément. Le cinéaste, après une interruption, était toujours sur le divan, mais la « cure » qu'Arnaud était censé « conduire » n'avançait guère.

Alors, avec la mort de Pascal, il se produisit quelque chose d'étrange : Arnaud cessa de se comparer à son ami rival en même temps qu'il cessa de se comparer à son patient.

Il ne fut pas délivré pour autant du démon de la comparaison. Il se compara à lui-même, et la comparaison lui était rarement favorable.

Se sentira-t-il toujours un imposteur, un usurpateur, celui qui occupe la place d'un autre ? Alors même que dans son cabinet tout — divan, fauteuil, gravures, livres —, tout est bien à sa place ?

Méconnaissable

À la fin des années soixante-dix, je venais de m'installer rue de Verneuil. Il m'arrivait de croiser un homme que je ne parvenais pas à identifier tout en sachant que je le connaissais. Il sortait du café *Au buisson d'argent* en titubant légèrement. Il portait un petit chapeau de guingois, son pantalon était tirebouchonné, sa mise négligée, il y avait quelque chose à la fois de ridicule et de pathétique dans son allure.

Incroyable, c'était bien lui, Leroux, qui avait été trente ans auparavant mon professeur à la Sorbonne. Pas commode, Leroux, pas commode du tout. Quand j'avais dû me présenter devant lui pour un des examens de licence, je n'en menais pas large, les autres candidats non plus, tant il se plaisait à les malmener. Nous savions qu'à côté de ses fonctions universitaires il était aussi un psychanalyste renommé, ce qui le rendait encore plus redoutable.

Et voilà que je croisais un homme qui me donnait envie de lui porter secours, un homme autrefois si intimidant et si prompt au sarcasme.

Pratiquait-il toujours la psychanalyse? Je m'informai auprès de la société de psychanalyse à laquelle il appartenait. Réponse affirmative.

C'est un phénomène curieux qui m'étonne toujours. Les patients ont beau percevoir que leur analyste est malade ou perd la mémoire, qu'il est atteint de surdité ou qu'il se met à raconter sa propre vie, à confier ses fantasmes, que sais-je, ou encore — j'ai entendu cela — à fredonner des chansons venues de son enfance, ils n'en veulent rien savoir, comme s'ils cherchaient à tout prix, en dépit de ce qu'ils observent, à le protéger.

Sans doute est-ce pour se protéger eux-mêmes. « Non, il n'est pas alcoolique, non, il n'est pas dément, non, il ne va pas mourir. » Cet « il » est un « je ».

J'ai osé aborder Leroux au comptoir du *Buisson d'argent*.

« Je suis un de vos très anciens étudiants. Je doute que vous me reconnaissiez, mais moi je vous reconnais. » Pieux mensonge.

« Si, si, je vous reconnais. » Et il a donné un nom. Ce nom n'était pas le mien.

Nous avons trinqué en nous souhaitant de bonnes vacances. Il est sorti du café. Cette fois, son chapeau n'était plus posé de travers.

Se déplacer

Il ne tenait pas en place. Mais *lui,* qui était-il? C'est sans doute parce qu'il ne le savait pas qu'il ne tenait pas en place pour un jour peut-être découvrir qui il était, vraiment.

Pendant des années, suivant l'exemple de ses parents, il avait été antiquaire, il avait des clients partout dans le monde, il gagnait beaucoup d'argent. Il parcourait les ventes aux enchères dans les villes de province, proposait un prix d'achat nettement supérieur à celui annoncé par le commissaire-priseur. Il ne laissait pas le temps de surenchérir à d'éventuels autres acquéreurs. Il fallait faire vite, toujours très vite, pour emporter le morceau. Même tactique au moment des successions quand la famille du défunt hésitait, se disputait : vite, sortir le carnet de chèques, couper court aux discussions, partir en emportant dans sa camionnette de vieilles armoires normandes, très prisées des Américains, des tableaux de petits maîtres que la famille croyait sans valeur. Ces meubles, ces tableaux, il les vendait beaucoup plus cher que leur prix, pourtant raisonnable, d'acquisition.

Tout son art était là : décider tout de suite, ne pas laisser aux vendeurs le loisir de discuter, de négocier. Affaire conclue ou non. Pas de temps à perdre. Albin était un homme pressé.

Soudain, il en eut assez du commerce des antiquités. Il acheta un bateau, un magnifique voilier, avec l'intention de faire le tour du monde, mais il se borna à naviguer en Méditerranée. Au bout d'un mois, il vendit son bateau un peu plus cher qu'il ne l'avait acheté. Toujours très efficace, l'homme pressé.

J'oubliais : il s'était marié très jeune, avait divorcé deux ans plus tard. Ils avaient cessé de se voir, hors de question de renouer avec elle. Leur brève vie commune avait été, selon lui, un enfer.

Il aspirait à la tranquillité : après la tempête, le calme. Il rencontra une femme qui tenait une maison d'hôtes en Bourgogne. Il décida de s'y installer, il y serait un hôte permanent. Cette femme qui était belle et intelligente — il arrive que les deux qualités aillent de pair — se prit d'amour pour lui. Sans doute était-elle sensible à la fragilité de cet homme bien cachée sous son éternel sourire. Elle l'aimait. Et lui? Il lui était profondément attaché.

Faisant allusion à ses mois de navigation, je lui dis : « Avec Emma, tu as trouvé ton port d'attache. — Oui, tu as raison, et je n'ai pas l'intention de quitter Emma. »

Ce port, cette femme, il les quitta pourtant. Au marché de la ville voisine, devant un étalage de fruits, il croisa le regard d'une de ses anciennes clientes, aussi instable, aussi séductrice que lui. Adieu la maison d'hôtes, adieu l'hôte permanent.

La liaison des deux instables, des deux séducteurs, se maintint deux ans. Pas mal, comme durée, pour l'un et l'autre.

Il avait repris ses activités d'antiquaire. De nouveau, il gagna beaucoup d'argent, de nouveau il se lassa, de nouveau il partit en mer, mais cette fois il se contenta de louer le voilier pour un an. Était-il devenu plus conscient de la précarité de ses engouements successifs? Une femme monta à bord avec lui, était-ce l'instable ou une autre? Je ne sais plus, toujours est-il qu'elle ne tarda pas à l'exaspérer, il la débarqua au Pirée.

Quand il revint à Marseille, une lubie le prit. J'ai tort de parler de lubie, car il mit dans ce projet toute son énergie qui était grande. Il se fit, à titre bénévole, visiteur de prisons. Il allait aux Baumettes chaque jour. Il était attiré surtout par les prisonniers condamnés à de très longues peines. L'homme qui ne tenait pas en place était passionné par ceux qui, par force, étaient voués à rester sur place.

Là, dans cette prison, il fut à son affaire. Au bout d'un an l'expérience prit fin. Ce ne fut pas de son fait. Le directeur de l'établissement le convoqua, lui signifiant que c'était très généreux de sa part de s'intéresser au sort des prisonniers, mais qu'il se montrait trop compréhensif : « Vous oubliez que ce sont de grands criminels, des meurtriers souvent récidivistes. »

Alors, il revint vers la femme qui tenait une maison d'hôtes. Elle accepta de l'accueillir à nouveau, ou plutôt de le recueillir avec l'indulgence d'une mère qui pardonne les caprices d'un enfant turbulent, les escapades d'un adolescent. Car cet homme était un enfant, un adolescent indocile. D'ailleurs, il ne vieillit pas. Il a beau avoir dépassé la cinquantaine, il a le même air, la même allure juvéniles.

Je me suis souvent demandé à son sujet : Pourquoi cette fuite en avant ? Que fuit-il ? Et pourquoi, entre deux départs, ces retours en arrière ? Je me suis souvenu de ce qu'il m'avait appris un jour, en passant, presque comme s'il s'agissait d'un événement sans grande importance : sa mère était morte quand il avait dix ans. La mère morte, la place de la morte, immobile à jamais.

Qu'est-il devenu ? Je n'en sais rien. Quand je pense à lui — moi aussi je le trouvais attachant — l'interrogation persiste : pourquoi n'a-t-il jamais trouvé sa place ? Et cette interrogation se double de celle-ci : pourquoi, nous autres, tenons-nous tant à en occuper une ?

Un homme d'autrefois

Il avait hérité de ses parents une belle maison entourée d'un parc boisé. C'était une maison construite à la toute fin du XVIIIᵉ siècle par un architecte d'un certain renom, une « petite maison de campagne » selon lui, que les habitants du village voisin appelaient abusivement « le château ».

Sur la pelouse l'homme dont je parle avait planté un marronnier à la naissance de son fils Henri, puis un autre tout à côté à la naissance de sa fille Élisabeth. Ces deux marronniers sont frère et sœur, le second s'élance juste un peu moins haut que le premier. Leurs feuillages s'entremêlent.

Le propriétaire du lieu sans être à proprement parler pauvre n'avait pas les ressources nécessaires pour y effectuer des travaux qui auraient si peu que ce soit modernisé « le château ». On y allumait le soir des lampes à pétrole, en prenant grand soin que la mèche ne file pas, on se chauffait avec des bûches, l'eau de pluie était recueillie dans une citerne, on en remplissait des brocs, on se lavait à l'eau froide.

Pour rien au monde il ne se serait séparé de sa maison. Qu'elle manque à ce point de confort ne paraissait pas le gêner. Il n'y avait pour lui qu'une chose essentielle : que la maison demeure telle qu'elle avait été construite près d'un siècle et demi auparavant et telle qu'elle lui avait été transmise.

Parfois il allait à la lisière du parc, il me disait — j'avais cinq ans : « Regarde, mon petit, c'est l'enlèvement de la redoute », parce qu'il avait aperçu au loin deux pavillons qui venaient de sortir du sol. Ou bien s'il m'entraînait, l'été, dans le bois voisin, il me disait : « Mon enfant, prends ta gourde », comme si nous allions explorer une forêt vierge et risquions d'être assoiffés.

Cet homme était mon grand-père.

Je ne sais pas grand-chose de lui. Une brève notice biographique qui lui fut consacrée à sa mort m'apprit qu'il avait été un brillant élève du lycée Fontanes — eut-il Mallarmé comme professeur d'anglais ? —, puis de l'École des chartes, qu'il fut un temps assez court secrétaire d'ambassade — il n'avait pas le souci de faire carrière —, qu'il écrivit pendant la Grande Guerre des articles exaltant la patrie dans *Le Journal des débats* et, surtout, qu'il éprouva une passion pour Jeanne d'Arc à laquelle il consacra quelques brochures.

Son autre passion fut la poésie. Après sa mort, sa veuve recueillit pieusement ses poèmes. Ils ne sont pas bien originaux, la plupart évoquent sa maison, son parc, le passage des saisons, celle des jonquilles, des jacinthes, du muguet, des feuilles mortes ; quelques-uns, le Père-Lachaise où il fut enterré. Le recueil a pour titre : *La Chaîne du temps*.

Quand, l'hiver, il venait nous faire une petite visite rue de Courcelles, ma mère ne tardait pas à s'esquiver. Elle le trouvait très ennuyeux. Alors il restait seul avec le petit garçon que j'étais. Je l'aimais bien, « grand-papa ». Je le trouvais très vieux. Ses joues creuses, son teint cireux, la peau de son visage parcheminée, celle de ses mains très fines parsemée de taches brunâtres, une odeur spéciale, tout cela devait m'évoquer la mort.

Sans bien sûr que je puisse me le formuler ainsi.

Aujourd'hui encore, bien que je l'aie à peine connu, j'éprouve une tendresse particulière pour cet homme d'autrefois, cet homme modeste, dénué d'ambition, amoureux de la poésie, et qu'importe si la sienne n'est pas toujours inspirée.

J'ai dépassé l'âge où il mourut, à soixante-dix

ans. Quand je regarde une photographie de lui que j'ai conservée, je vois, assis sur un fauteuil de jardin, aux côtés de sa maison, un très vieux monsieur — costume sombre, col cassé — et pourtant c'est l'été. Comme on avait vite l'air d'un vieillard à l'époque! Comme on s'efforce de ne pas l'être aujourd'hui afin d'échapper à la *chaîne du temps*!

Oreste

Je crois bien que presque dans chacun de mes livres, je l'ai évoqué, celui-là, comme s'il me fallait revenir sur les images et les souvenirs que j'ai de lui.

Nom : Oreste — Race : cocker — Couleur : noire — Regard : mélancolique — Oreilles : pendantes, pas toujours propres — Signes particuliers : présente toutes les qualités.

C'était sous l'Occupation. Cet hiver-là, il faisait très froid, la nuit dans mon lit je dormais enveloppé de trois couvertures, revêtu de deux chandails en laine. On avait faim : tickets de rationnement, rutabagas tenant lieu de pommes de terre, viandox à la place du café. De temps à autre, je prenais le train pour aller dans la Beauce faire provision de fromages de chèvre et, quand la chance me souriait, d'une douzaine d'œufs. Rude hiver, eût dit Raymond Queneau.

Un jour, comme un rayon de soleil : une parente éloignée nous fait don de deux petits chiens, frère et sœur. Mon frère et moi qui venions de découvrir les tragiques grecs les nommâmes aussitôt Oreste et Électre. Électre était une fugueuse, elle disparut sans laisser d'adresse. J'imaginais, allez savoir pourquoi, qu'elle avait été adoptée par des soldats allemands en partance vers le front de l'Est et leur servait de mascotte.

Oreste, lui, resta. Pendant dix ans lui et moi nous ne nous quittâmes pas. Quand, après la guerre, je partais en voyage, je l'emmenais avec moi. Quand j'étais professeur à Nice, il m'attendait dans ma chambre pendant que je donnais mes cours.

Aujourd'hui, cinquante ans après sa mort, il n'y a guère de semaines où je ne rêve de lui. Qu'est-ce qu'autorise le rêve sinon le retour des disparus, du disparu! Une réapparition destinée à effacer la disparition.

Une nuit — Oreste était alors bien vivant — j'ai fait le rêve suivant : il allait et venait dans la pièce où je travaillais manifestant ainsi son besoin de sortir et je lui disais : « Attends un peu que j'aie fini mon travail, après quoi nous irons nous promener, promis. » Et il me répondait en bredouillant un peu : « Je ne te crois pas. » Ce rêve me remplit de honte, comme s'il annonçait toutes les promesses que je n'allais pas tenir, toutes les attentes que je n'allais pas satisfaire.

Autre souvenir qui n'est pas, lui, d'un rêve. Je vivais cette année-là dans une chambre d'hôtel sur l'île de la Cité, à côté du Pont-Neuf. Et voilà qu'Oreste, sautant sur un banc de pierre du pont, emporté par son élan, tombe dans les eaux glaciales de la Seine. S'il avait sauté sur le banc voisin, il se serait fracassé sur la berge.

À toute vitesse, je descends l'escalier qui mène à la berge au-delà du pont et je vois mon Oreste qui nage bravement dans le sens du courant. Je l'appelle, il m'entend, je le porte dans mes bras, remonte dans ma chambre, le sèche. Je suis heureux comme jamais, j'ai sauvé mon Oreste des eaux !

Souvenir dont je ne suis pas fier : après avoir visité une église dans un petit village de la Drôme, je remonte dans ma voiture. Ce n'est qu'au bout de quelques kilomètres que je m'aperçois qu'Oreste n'occupe pas la place arrière. Je l'ai oublié, abandonné, lui qui ne m'abandonne jamais. Je retourne au village. Il est là sur la place, égaré, affolé. Joie des retrouvailles.

Nous ne nous quitterons plus. La preuve : il est

toujours présent dans mes rêves. Il se rappelle à moi, je l'appelle. Nous sommes de nouveau ensemble, lui qui est mort et moi qui suis encore vivant.

Quand j'étais sur le divan d'un psychanalyste, et qu'il était question d'Oreste, je cherchais, en bon et loyal analysant, pourquoi il revenait dans mes rêves de façon récurrente. Était-ce lié à son nom, celui de ce héros de la tragédie d'Eschyle qui, voulant venger son père Agamemnon, se fait le meurtrier de Clytemnestre et d'Égisthe ? Mais ça ne collait pas très bien avec mon propre complexe d'Œdipe !

Ce n'est que tardivement, des années après la fin de mon analyse, que je crus trouver la bonne réponse. Non, je ne m'étais pas identifié à Oreste le vengeur. Dans ce nom, j'entendis *Ô reste*, un vocatif, un « reste avec moi, ne m'abandonne pas » comme mon père m'a abandonné. Plus généralement encore, cet appel s'adressait à tous ceux, à toutes celles qui m'ont laissé tomber.

Sur la place du village de la Drôme où j'avais oublié, abandonné, mon cocker au regard mélancolique, c'était moi le coupable, c'était moi qui avais laissé tomber et avais rompu quelque chose comme un pacte d'alliance.

Et plus tard, je l'ai laissé tomber pour une femme qui avait fini par trouver encombrante sa présence constante, y compris lors de nos ébats amoureux. J'ai confié Oreste à un ami. Il est mort quelques mois plus tard.

Quand nous étions enfants mon frère et moi, notre père avait l'habitude de dire, au moment où nous devions nous installer au fond de sa voiture : « Montez, les chiens. » Mon frère n'appréciait guère d'être assimilé à un chien. Pour ma part, curieusement, bien loin de voir dans ce « montez, les chiens » le signe d'une condescendance ou d'un mépris, j'y voyais la marque d'une affection. « Venez avec moi, nous partons en voyage, tous les trois. »

Sur la place du village, j'avais oublié, faute impardonnable, de dire à Oreste : « Monte, mon petit chien. » Je ne lui avais pas dit : « Reste avec moi. » Tu me protèges, je te protège. Ensemble, rien ne peut nous arriver de menaçant. Nous allons voyager toi à l'arrière, moi au volant, nous allons parcourir la France et, qui sait, l'Italie, l'Espagne et, ne t'inquiète pas, tu auras un bon dîner. Il ne m'aurait pas répondu « Je ne te crois pas ».

Humeurs changeantes

Comme je la trouve belle, comme elle me séduit, l'antique théorie des humeurs!

Que nous enseigne-t-elle? Que les humeurs sont au nombre de quatre — sang, phlegme, bile, atrabile — comme sont quatre les éléments — eau, terre, air, feu. Ainsi, notre corps serait en résonance avec l'univers. Elle nous enseigne aussi, cette théorie qu'on tient aujourd'hui pour dépassée, que les humeurs circulent, qu'elles sont vagabondes et que, si nous ne parvenons pas à les réguler — l'eurythmie —, elles sont à l'origine des maladies de l'âme.

Nous le vérifions chaque jour : nos humeurs changent comme le temps qu'il fait. Combien de journaux intimes en témoignent quand ils enregistrent notre météorologie intime.

Quatre humeurs, soit. Mais entre elles tant d'étapes intermédiaires, tant de nuances. Des nuances semblables à celles des couleurs, semblables aux variations du ciel qui ne se limite pas à être bleu azur ou tout noir.

Je n'aime pas le beau fixe, moins encore le ciel bas et si couvert qu'il devient un couvercle. J'aime le temps changeant, la pluie fine, les éclaircies, les orages et les éclairs.

Je n'apprécie guère ceux qui sont toujours d'humeur égale, qu'elle soit bonne ou mauvaise, les perpétuels joyeux ou les perpétuels maussades.

Les circonstances ont voulu que, ces récents jours, deux de mes amis m'aient fait part de leurs changements d'humeur.

Dans le cas d'Edgar, la journée se déroule ainsi. Quand il se lève le matin, le plus tard possible, son humeur est massacrante (c'est le mot qu'il emploie). Le monde est horrible, peuplé d'imbéciles, d'ambitieux sans scrupule, de pauvres types, de violents. Autant rester couché, se mettre à l'abri de tout ce bruit, de toute cette fureur.

Il ne s'épargne pas dans ce jeu de massacre : « Ma vie n'a aucun sens, elle est minable. Je passe mon temps à faire semblant, à donner le change, je ne vaux pas mieux que les autres, comme eux je suis un imposteur. »

Au fur et à mesure que les heures passent, de brèves éclaircies se succèdent et, quand vient le soir, Edgar, tout en se moquant un peu de lui-même, n'est pas loin de s'écrier : « La vie est belle! »

Dans le cas de mon autre ami, c'est l'inverse. À peine sorti du lit, il se sent plein d'allant, il a hâte de rejoindre son bureau où l'attend un travail pourtant fastidieux, il ne voit en ses collègues que des amis et, s'il entend monter de la rue des bruits stridents, il se félicite que son quartier soit aussi animé. Mais, à l'heure de l'entre chien et loup, quand la lumière du jour pâlit et que la nuit tombe, cela ne manque pas, il tombe avec elle dans la « déprime ».

Je me disais, en écoutant mes deux amis, que s'ils pouvaient ainsi passer du haut au bas, ou du bas au haut, comme le font les maniaco-dépressifs, aujourd'hui qualifiés de « bipolaires », c'est qu'ils ne faisaient pas confiance, l'un et l'autre, à l'humeur vagabonde, celle qui ne cesse de naviguer entre les deux pôles, entre les deux extrêmes. L'humeur, telle la mer, est liquide.

L'humeur vagabonde se refuse à se fixer, à occuper une place déterminée.

Peut-être est-ce cette mobilité qui nous rend les femmes attrayantes. Leur visage fermé s'entrouvre l'instant suivant. Leur regard qui paraissait nous ignorer se tourne vers nous. Leurs yeux noirs sont lumineux.

Seule l'humeur vagabonde apporte du trouble dans nos vies. Les pierres, tout comme les morts, ignorent les humeurs.

La tourmente

Charles Vignon attend d'être « rompu de fatigue » — ce sont ses mots — pour aller se coucher. Il espère qu'en rejoignant son lit le plus tard possible, largement passé minuit, il trouvera plus vite le sommeil, un bienheureux sommeil, un sommeil réparateur, apaisant, censé effacer les soucis, panser les blessures.

Mais le sommeil ne veut pas de lui. Alors, il se rapproche du corps de sa femme qui, elle, dort depuis un bon moment et n'a aucune envie d'être réveillée. Elle s'écarte de lui.

Il attend, immobile, yeux clos, profondes et régulières respirations, muscles détendus. Il attend dans l'impatience, il guette le moment où il s'évanouira dans le sommeil, mais cette impatience, cette vigilance n'ont pour effet que de retarder ce moment tant espéré, que prolonger son insomnie, et c'est un incessant défilé de soucis qui dans l'état de veille ne le préoccupaient guère mais auxquels le démon de l'insomnie confère une importance considérable, à croire qu'il n'en viendra jamais à bout.

Le sommeil finit par être au rendez-vous. Alors, Charles va plonger en lui comme dans une eau profonde ou dans un liquide amniotique qui le ramènerait aux sources de la vie. Du moins c'est à quoi aspire son corps « rompu de fatigue ». Mais voici que les rêves s'enchaînent et le tiennent enchaîné. Ce ne sont pas des rêves qui pourraient être isolés comme autant de scènes avec un commencement et une fin, ceux dont on peut dire le matin « J'ai fait un drôle de rêve cette nuit », et on est tout content de le raconter à sa femme au moment du petit déjeuner ou de l'offrir en cadeau à son analyste en fin de journée, une fois allongé sur un divan qui a pris la place du lit.

Non, c'est un flux, un flux sans reflux, un flux incessant de vagues qui entraînent le nageur. Le mot qui vient à Charles pour me décrire ce qu'il éprouve est *tourmente*. Il précise : « Je ne parle pas de ces mauvais rêves, proches du cauchemar, où vous êtes le témoin ou la victime de scènes horribles, de meurtres, de viols, de tortures, non, c'est un flux continu, un précipité d'images qui me tourmente. » Charles n'évoque pas un nageur mais un marcheur contraint d'avancer toujours plus vite : une marche forcée, sans repos, qui ne lui laisse pas le temps de regarder les paysages qu'il traverse ni d'identifier les multiples visages qui le scrutent, le sondent, s'agglutinent à lui, ne veulent pas le lâcher. « C'est vous dire qu'au matin, loin de me sentir reposé, je me lève exténué, comme si j'avais passé ma nuit sous une tourmente de neige, sur une mer déchaînée ou secoué par un tremblement de terre. »

Charles est un homme très organisé, son temps est réglé à la minute près. Sa profession : avocat. Quand il reçoit ses clients, il leur accorde tout au plus une demi-heure : « Après quoi, ce serait du temps perdu, pour eux — ils ne feraient que ressasser leurs griefs, que proclamer leur innocence, que se plaindre. Temps perdu pour moi aussi : j'ai étudié leurs dossiers, ils sont bien classés, numérotés. Je sais ce que j'ai à faire. »

Si jamais il me venait à l'esprit de conseiller à Charles de s'autoriser à s'abstraire de son travail, à penser à autre chose, d'aller par exemple se promener sans but précis en s'abandonnant à quelque rêverie, j'anticipe ce que serait sa réponse : « Combien de temps pour la rêverie? Un quart d'heure, ça vous irait? » Il s'accroche au temps mesuré, il jette en douce un coup d'œil sur sa montre — il s'y accroche comme il s'accroche aux arguments qu'il mettra en avant dans ses plaidoiries. Me Charles Vignon maîtrise ses dossiers, il maîtrise le langage — ses confrères envient son éloquence —, il s'emploie à se maîtriser lui-même. Tout est sous contrôle.

Et voilà que, la nuit, rien ne va plus. L'impeccable logique des arguments déraille. Ce qui paraissait si solide vacille, la mesure cède la place à la démesure, c'est la tourmente. Mer en furie, tempêtes, la terre tremble, le sol se dérobe, se fissure, se fracture. Et lui est condamné à marcher sans savoir où ses pas le mènent. Sa montre-bracelet est arrêtée. Il est un enfant perdu, égaré, qui continue à marcher, encore et encore, pour ne pas s'effondrer.

Charles m'inquiète : si, cessant d'être cet homme hyperactif, cet insomniaque permanent du jour — alors que ses insomnies nocturnes ne sont qu'intermittentes —, il allait s'effondrer ?

Quand il s'accorde de brèves vacances, la première question qu'il pose, à peine levé, à sa femme, à ses enfants, est celle-ci : « Alors, aujourd'hui, quel est votre programme ? »

Je crains que Charles ne soit privé de ce que

Winnicott appelle la capacité de rêver et que ce soit là l'origine de sa tourmente comme de sa réussite! Profession lucrative, femme « parfaite », enfants « adorables ».

Si seulement, un jour, Charles pouvait se muer en Oblomov! Mais cela, c'est mon rêve, un rêve dont il redoute plus que tout qu'il puisse se réaliser. Je l'imagine me dire : « Votre Oblomov, ce paresseux, cet inactif, cet éternel enfant, quel pauvre type! J'en ai défendu des clients indéfendables et souvent obtenu leur acquittement. Mais celui-là, je me réjouirais qu'il soit condamné. »

« Rompu de fatigue », m'a-t-il dit, rompu le soir autant qu'au réveil. Mais ce qui est rompu, cassé, brisé chez Charles, c'est le lien entre ses jours et ses nuits. Que représente la foule anonyme, inconnue, qui le hante, l'oppresse et n'est pas loin de le persécuter dans ses rêves nocturnes? De quelle faute, de quel crime est-il accusé à tort que ni sa « femme parfaite » ni ses « enfants adorables » ne soupçonnent et que, sans doute, il ignore lui-même, l'avocat célèbre, tant estimé par ses clients et ses confrères.

Peut-être vaut-il mieux qu'il se maintienne dans l'ignorance. Elle lui permet de ne pas s'effondrer, de survivre. Le prix à payer : la fatigue, une immense fatigue, diffuse, sans visage identifiable,

et qui n'est pas près de livrer son véritable nom :
le vide, l'abîme, le néant, au cœur de toute vie,
surtout de celles qu'on se félicite d'avoir réussies.

Marées

Chaque été, je passe mes vacances au bord de la mer — c'est une nécessité pour moi — et chaque jour je consulte l'horaire des marées. Basse mer, pleine mer, marée basse, marée haute, marée montante, marée descendante, grande marée. Ces mots, à eux seuls, me donnent à rêver.

Quand la mer se retire, je vois des estivants, parents et enfants, s'avancer sur la plage qui s'allonge mètre après mètre jusqu'à rendre la mer au loin à peine perceptible, elle se confond avec le ciel. Ils vont à la recherche de coquillages dont les enfants feront collection comme d'autant de bijoux précieux, ils ramassent des coques, des palourdes comme on cueille des fruits sur l'arbre, ils font provision de moules qu'on fera cuire pour le repas du soir.

Je me dis que ces coquillages, ces coques, ces palourdes, ces moules en grappes, ces bouts de bois rongés par le sel marin, ces morceaux de corde tombés d'un bateau de pêche, figurent ce qui est déposé dans ma mémoire : de petits restes — comme ils me sont précieux! — qui seront tout à l'heure recouverts par la marée haute mais qui réapparaîtront, ceux-là ou d'autres, quand la mer de nouveau se retirera.

Marée basse, marée haute, cette alternance est à l'image de ma vie, de toute vie peut-être.

J'attends que les vagues atteignent la plage pour aller à leur rencontre. Aussitôt je plonge dans l'eau, je nage, la mer m'enveloppe et me porte. Je ne suis qu'un corps vide de pensées, un corps souple, actif, un corps retrouvé. Je suis tout entier dans le présent. Je n'ai plus d'âge.

Autrefois, au lycée, notre professeur de géographie nous expliqua que le phénomène des marées était dû à l'influence de la lune. J'eus peine à le croire, tant je voulais que les mouvements de la mer ne résultent que d'elle-même. Elle était une personne, elle était une divinité.

Nos humeurs changeantes seraient-elles, elles aussi, soumises à l'influence de la lune?

Il ne me déplaît pas d'être un lunatique, de connaître les plaisirs minuscules que m'offre la marée basse pour éprouver quelques heures plus tard les plaisirs majuscules que me procure la marée haute.

La vie s'éloigne, mais elle revient.

Œuvres de J.-B. Pontalis (suite)

Dans la collection « À voix haute »

UNE LECTURE ÉGOÏSTE, par Daniel Pennac, 2006.

Chez d'autres éditeurs

L'ENFANCE D'UN AUTRE, *La Table Ronde*, 1952.

VOCABULAIRE DE LA PSYCHANALYSE (avec Jean Laplanche), 1967, *Presses universitaires de France,* repris dans « Quadrige ».

FANTASME ORIGINAIRE, FANTASMES DES ORIGINES, ORIGINES DU FANTASME (avec Jean Laplanche), 1985, *Hachette,* coll. « Textes du XXᵉ siècle », repris dans « Pluriel ».

LA FORCE D'ATTRACTION, 1990, *Éditions du Seuil,* « La librairie du XXᵉ siècle », repris dans « Points essais », *n° 400.*

LE DORMEUR ÉVEILLÉ, 2004, *Éditions du Mercure de France,* « Traits et Portraits » (« Folio », *n° 4369).*

LE LABORATOIRE CENTRAL, Entretiens 1970-2012, *Éditions de l'Olivier,* 2012.

Contributions à des ouvrages collectifs

LE NÉGATIF, 1995, *L'Esprit du temps.*

CENT ANS APRÈS, entretiens avec des psychanalystes par Patrick Froté, 1998, Gallimard, coll. « Connaissance de l'inconscient ».

FENÊTRES OUVERTES SUR L'INCONSCIENT, 2002, *Delachaux et Niestlé.*

PARLER AVEC L'ÉTRANGER, 2003, *Gallimard,* « Tracés ».

PASSÉ PRÉSENT, 2007, *Presses universitaires de France,* « Petite bibliothèque de psychanalyse ».

LE ROYAUME INTERMÉDIAIRE, 2007, *Gallimard,* « Folio Essais ».

PENSÉES POUR LE NOUVEAU SIÈCLE, 2008, *Fayard.*

DOSSIER WOLFSON, 2009, *Gallimard,* coll. « L'Arbalète ».

CRIME ET CHÂTIMENT, Jean Clair (dir.) cat. expo. Paris, musée d'Orsay, *Gallimard,* 2010.

*Achevé d'imprimer
sur Roto-Page
par l'Imprimerie Floch
à Mayenne, le 9 août 2013.
Dépôt légal : août 2013.
1ᵉʳ dépôt légal : avril 2013.
Numéro d'imprimeur : 85287.*

ISBN 978-2-07-014124-1/Imprimé en France.

261236